U0111373

武術 特輯
40

正宗武式太極拳

薛乃印　編著

大展出版社有限公司

武式太極拳第一代～第六代直系傳人照片

創始人　武禹襄

第2代　李亦畬

第3代　李遜之

第4代　李錦藩

第5代　喬松茂

第6代　薛乃印

台灣版序

　　一九九三年北京體育學院出版社出版發行了我的第一本著作『武式太極拳正宗』一書。全面的介紹了武式太極拳的練功架子八十五式套路。是這本書首次把武式太極拳創始人武禹襄，以及第二代傳人李亦畬、第三代傳人李遜之、第四代傳人李錦藩的畫像和照片公佈於世。

　　這本書在大陸發行之後，很快就銷售一空，部分書籍也傳到了外國。很多太極拳愛好者紛紛來信，問我在哪裡才能買到書。出國後，在一些國家也有人問我怎樣才能找到這本書，我自己只有一本，有些學員去復印進行珍藏。

　　我在環球世界傳武術期間，兩次去台灣，認識了大展出版社的老闆蔡森明先生。非常感謝蔡先生的幫助在台灣再版『武式太極拳正宗』一書，並根據他的建議改成『正宗武式太極拳』。

　　由於原書繪圖再次印刷不清楚，需要重新拍照片，這裡又要感謝的是劉康毅先生、黃同親先生在三十六度的高溫之下為我拍照。

　　『正宗武式太極拳』在台灣的再版，能使台灣的

太極拳愛好者從理論上、技擊上以及健身上有所幫助的話，這才是我最大的心願。

薛乃印　於台北市

2001 年 10 月 2 日

繼承發展太極拳

為人民健康服務

一九九三年春 張文廣

中國武術協會顧問　張文廣教授　題詞

繼承發揚

孫劍雲

一九九三年春

北京武術協會副主席、著名太極拳家 孫劍雲女士 題詞

原序

太極拳是中國人民以至世界人民所喜愛的體育運動，是中華民族寶貴的文化遺產，民族的瑰寶。武術太極拳是太極拳六大流派之一，它集哲學、醫學、武學、藝術爲一體，對陶冶情操和延年益壽有著奇特的功效。不僅具有實戰格鬥，擊技防身的價值，而且在修身、健身、醫療保健等方面有著不可估量的作用。

武式太極拳是由清代河北永年人武禹襄所創，由其外甥李亦畲進一步完善整理的。它源遠流長，博大精深，經歷代家傳，不失其武式太極拳本來面目，流傳至今已有 140 多年的歷史，形成了獨特的風格和特點。

武式太極拳第五代直系傳人喬松茂先生，隨武式太極拳第四代嫡傳人李錦藩先生學藝 20 餘年，功純技精，造詣頗深，盡得武式太極拳之精髓，全面繼承了武式太極拳的衣缽，其弟子遍及海內外。

松茂先生的得意弟子，武式太極拳第六代傳人，遼寧撫順武式太極拳研究會會長薛乃印先生，爲了發展武術事業，不惜辭去工作，把全部的精力投入到普及、弘揚武式太極拳的事業上去。他悉心專研，整理編寫出《正宗武式太極拳》一書，奉獻

給廣大太極拳愛好者，精神可佳。

　　《正宗武式太極拳》一書在理論和實踐上都有著很大的參考價值。該書的出版將對進一步普及、發展武式太極拳起到積極的推動作用，對廣大太極拳愛好者是有益的幫助。

中國武術協會副主席　劉哲

1993 年 2 月 28 日

目 錄

第一章
武式太極拳入門知識

一、武式太極拳的源流及特點

　　武式太極拳是由清代永年人武河清，在原趙堡太極拳的基礎上加以改創，由其外甥李亦畬進一步完善整理的。

　　武式太極拳始祖武河清，字禹襄（1812 年—1880年），永年廣府城內東街人。長兄澄清、字秋瀛，任官於河南舞陽縣知縣。次兄汝清、字酌堂，清刑部員外郎。兄弟三人自幼從父習洪拳，家頗富有，並於永年廣府城內東、西兩街各開茶莊一處，後將兩茶莊合併，騰出西街市房租給河南溫縣陳家溝陳姓經售藥材，店名太和堂。

　　禹襄和其兄見其店伙計均習太極拳，輕靈巧妙與己所習迥然不同，遂以客東之誼求授。雖習數年，而奧妙終難曉悟。素聞河南趙堡鎮陳師清萍拳藝精湛，禹襄乃於赴兄任所之便訪而從學。正值陳師在售出土地未撥丁名之憂和受人誣告入獄殺身之難，禹襄透過在舞陽當知縣的兄長武秋瀛，代為奔走而解之。陳師甚感其恩，隨傾心授藝相報，體示口解，備極詳盡。

　　陳師所授拳技與禹襄從太和堂學得的拳架大不相同，禹襄邊學邊練，並將所學拳理、拳訣作出札記，晝夜研習，四

十餘日，悉得其髓，理法盡知。復將陳師所贈的王宗岳《太極拳論》、《太極拳勢概要圖》、《拳論》一併抄繪攜歸。與其甥李亦畬、李啟軒一同研習，兩年後技藝驟進，理法大明，竅要盡能施於身。因之將前作之札記，參以後來閱讀《拳論》、練功方面的發悟，衍寫出《拳解四則》、《十三勢行功歌解》、《身法十條》、《打手撒放》、《四字密訣》等著作。

至此漸感原學拳架須加以改造，於是商同二甥訂出旨要，嚴守身法，力求明顯的體現拳理、深蘊拳技竅要，使學者易學而獲強身之益，且免濫用於擊技之害。歷時三載方成今貌。

武式太極拳整個套路共 85 式，拳式小巧緊湊，身法緊嚴無隙，掤捋擠按採挒肘靠貫穿於各勢之中，機宜盡蘊於內，進退顧盼定隨勢而生，體態端莊，氣勢鼓蕩，恬靜安舒，精神內涵。

特別強調「一動無有不動，一靜無有不靜」；立身要求「中正不偏、八面支撐」；行功要「靜若山岳、動若江河；邁步如臨淵，運勁如抽絲，蓄勁如張弓，發勁如解箭；形如搏兔之鵠，神如捕鼠之貓」。打手重接勁打勁，不重招數外形，其形式傳統的只有三步半活步推手一種。

武式太極拳的內固精神、外示安逸、一氣鼓鑄、練氣歸神、氣勢騰挪、精神貫注、剛柔相濟、開合有致、虛實清楚的特點和風格，勢勢皆為解說太極拳理、拳法的絕好範例。

故李亦畬在太極拳譜序中說「……後人參以鄙見，反覆說來，惟恐講之不明，言之不盡，然非口授入門，雖終日誦之，不能多有裨益也」，跋中又云：「……切勿輕以予人，

非私也，知音者少，可予者，其人更不多也，慎之、慎之」。

竅要隱密不經口授身演人盡難知，樸實無華似乾枝老梅，緊嚴縝密如天衣無縫，且深合養生之要義。因而外形易學而得之延年益壽，真諦不經指點終難用於擊技。

武式太極拳的完善者李經綸，字亦畬（1832—1892），清舉人，河北永年望族。22 歲時隨母舅武禹襄學習研究太極拳，身體力行數十年，終身致力於太極拳研究，對武式太極拳的形成、完善和精進有著巨大的貢獻。著作有《五字訣》、《撒放密訣》、《太極拳小序》、《走架打手行工要言》等等。又將王宗岳《太極拳論》和武師太極拳論文益為己作，手抄三本，一自存，一交弟啟軒，一交徒弟為貞，在永年稱為「老三本」。該拳論皆根據其切身體會，簡練精要，無一浮詞，為近代習太極拳者奉為經典。

武式太極拳不同於趙堡太極拳，也不同於陳式太極拳。它科學地集拳術、力學、導引、傳統哲學為一體，而自成一家。堅持習練傳統武式太極拳，可獲得袪病延年，陶冶情操之奇特功效，因而在海內外享有盛譽。許多國家成立了專門機構、組織對其功理、功法進行探索和研究。

二、武式太極拳歷代傳人簡介

武式太極拳是中國古老文化的組成部分，是中華民族智慧的結晶，武林中的奇葩，是前人留下的寶貴武術文化遺產。它博大精深，源遠流長，集哲學、醫學、武學、導引術、藝術為一體，既古老又新穎，既高雅又樸素。它不論在

擊技上還是在強身健體上，都有獨特的風格和價值。而且對陶冶情操、延年益壽有著奇特的功效。它不但是民族的，也是國際的；不但是傳統的，也是科學的；對它的研究、推廣既要立足於國內，又要放眼世界。

中華大地歷代蘊藏著眾多武功高深，武德高尚的名家大師。地處河北省邯鄲地區的永年古城是武式太極拳發祥地。著名的太極拳一代宗師、技擊家、理論家、武式太極拳創始人武禹襄，就出生、成長在這裡。

他自幼嗜武如痴，1852 年，赴河南溫縣趙堡鎮拜陳清萍為師，又得拳祖王宗岳秘本《太極拳論》。回城後，朝夕揣摩、以身試技、苦心專研，創造出當今名揚中外的武式太極拳。代代相傳，流傳至今已有 140 多年的歷史了。為了讓更多的人了解武式太極拳創始、完善、繼承和發展的情況，現將歷代主要傳人武技軼事作簡要介紹，以饗讀者。

㈠ 創始人武禹襄

武河清、字禹襄，號兼泉。生於 1812 年，卒於 1880 年。武式太極拳始祖。清代河北永年廣府城內東街人。長兄武澄清、字秋瀛（1800—1884），任官於河南舞陽縣知縣。次兄武汝清，字酌堂，清刑部四川員外郎。兄弟三人從小喜文習武，家中很富有。並在城內東、西兩街各開一處茶莊，後來將兩茶莊合併，騰出西街茶莊租給河南溫縣陳家溝的陳德湖經售藥材，店名「太和堂」。

禹襄與其兄見陳德湖與其店伙計多習太極拳，輕靈巧妙與自己所練迥然不同。有一次，一惡人到「太和堂」尋釁鬧事，欺負掌櫃他們是外鄉人，發生爭鬥，惡人與掌櫃一交

手，只見掌櫃略一動身，惡人已跌出丈外。禹襄聽說此事後，以客東之誼求教於陳德湖。

後南門外之友楊祿祥（1799—1872）自陳家溝學藝歸來，禹襄又常與楊比較拳技，其奧妙終難曉悟。後禹襄聽朋友講：「河南溫縣趙堡鎮有一武師姓陳名清萍，拳藝精湛，技藝絕倫，武功蓋世」。於是，禹襄在去看望在舞陽當知縣的兄長武秋瀛的途中，繞道去了趙堡鎮拜師學藝。

陳清萍（1795—1868）原居溫縣王圪壋村，後移居趙堡鎮經商，並設場授徒，弟子眾多，頗富盛譽。禹襄到了趙堡鎮後，方知陳師正被一樁官司牽連在內，尚有入獄殺身之難，禹襄心急如焚，為其奔走相救，在舞陽當知縣的兄長武秋瀛的幫助下，才解脫了這樁官司。陳師感謝禹襄救命之恩，遂請禹襄到家作客，方知禹襄為求藝而來，非常感動，便傾心授藝相報。每日學練到夜深人靜時才肯入睡。就這樣體示口解，將各種秘訣一一傳授給武禹襄。

禹襄聰明過人，加之原功底深厚，在趙堡鎮從陳師學藝40餘日，悉得其精髓，理、法盡知。又將陳師所贈王宗岳《太極拳論》、《太極拳概要圖》、《拳論》一併抄繪，拜別了恩師返回廣府。

回到廣府後，禹襄潛心研練，細心揣摩，常常與身體強壯，精於武技的壯士試招，印證所習太極拳之功夫，無一不勝，兩年後，技藝驟進，理法大明，拳之竅要盡施於身，結合王宗岳《太極拳論》之精義，將理論貫穿於行功走架實踐之中，以陳師所授拳藝為基礎，以王宗岳《太極拳論》為指導，參與兵家奇正虛實之道，又結合自己的練功體會，創編了一套小巧緊湊，神氣鼓蕩，外示安逸、內固精神的拳式。

後人稱之為「武式太極拳」。

武禹襄出身書香門弟，兩位兄長均在外為官，只有他獨居鄉里，以教書為業，研究太極拳術，衍寫出《拳解》四則、《十三勢行功歌解》、《身法十條》、《打手撒放》、《四字密訣》等著作。這些著作為後人留下了寶貴的理論知識，並被歷代各流派太極拳家奉為經典，被稱為一代理論家和技擊家。

武禹襄乃清代秀才，雖為一代宗師，但不以教拳為業，就是在臨終時，還與來看望他的人談論太極拳術，孜孜不倦。門徒中以其甥李亦畬功夫最好，後來，李亦畬又進一步完善了武式太極拳。武禹襄在拳藝和理論上，都為武式太極拳的創始、發展奠定了堅實的基礎，在武術界有著不可磨滅的傑出貢獻。

㈡ 第二代傳人李亦畬

李經綸，字亦畬。生於 1832 年，卒於 1892 年，河北永年廣府城內西街人，清代舉人。22 歲隨母舅武禹襄學習太極拳，後放棄舉業，用全部心血苦心鑽研，百般揣摩演練武式太極拳。習練中，每得一勢巧妙，一著窮要，便將心得體會，記寫於紙上，貼於座位右前方，後改貼牆上，再比試揣摩，細心體會，發現不符合拳理的地方再撕下，把新的體會貼上，直到感覺正確，符合拳理、拳法的要求為止。

這樣日復一日，年復一年的反覆撕貼。久之紙條貼滿牆壁，後遂結集成書。

先生嘔心瀝血，苦心專研，身體力行數十年，武功蓋世，名揚黃河兩岸，大江南北。

有一次李亦畬之表弟，姓苗名蘭圃，此人膀大腰圓，力大如牛，在李家做客，席間問李亦畬說：「兄長所習太極拳能否打人？」亦畬笑道：「老弟如有雅興可以一試。」當時亦畬正坐於椅上，蘭圃使雙手用力推按亦畬雙肩，欲把亦畬推出椅外，亦畬外形紋絲未動，口中說道：「你坐到凳子上去吧！」話未說完蘭圃已被發自對面的凳子上去了。蘭圃驚訝地說：「你雙手未動，竟能把我發出八尺之外，真乃神技。」

還有一次，正逢李亦畬先生的生日，親戚朋友，街坊鄰居，客人雲集，氣氛熱烈，大家舉杯換盞，猜拳行令，好不熱鬧。有一位客商打扮的外鄉人，喝酒間，桌面上落一隻蒼蠅，只見那個外鄉人，一伸筷子，便把那蒼蠅夾住，引起了人們的注意，知道此人很有功夫。

亦畬以為他是弟弟啟軒的朋友，啟軒以為是哥哥的朋友，誰也不好意思過問。大家七嘴八舌，非要讓李亦畬露一手讓大家看看不可，也可助助酒興。李亦畬推辭不過，只好拿起筷子。剛好，一隻蜜蜂「嗡嗡」地從門外飛來，只見他不慌不忙，筷頭一晃，那隻蜜蜂便給夾住了。人們齊聲喝采。隨後亦畬筷頭一鬆，那隻蜜蜂又飛走了。李亦畬雅興不減，順手摘下屋樑上的鳥籠子，把鳥逮住，放在手心上。只見那隻鳥兒翅膀直撲楞，就是飛不起來。可見亦畬先生沾黏連隨功夫達到了爐火純青的境地。

酒席散後，那個外鄉人故意閃在最後，李亦畬送客，那個外鄉人伸出兩個胳膊，顯出很有禮貌的樣子，以二膊推讓，李亦畬以二膊相送。兩個胳膊和身體剛一接觸，彼此便都有了感覺，手指間都暗暗用功夫。只見亦畬輕輕把手一

抬，那人便騰空而起，被拋至大門以外，穩穩跌落街心。

那個外鄉人佩服地說：「謝謝師父指點。我練拳幾十年，雲遊四方，從未遇到像先生這麼好的功夫。李先生的功夫已達到登蜂造極的境地。」

李亦畬身懷絕技，但從不輕易顯露。再有一年，永年城南瓷圈金陀寺的一個僧人法空和尚，請李先生到寺裡下棋。當時，金陀寺院當中，有一平放著的石碑，四角支起，厚不下七、八寸，兩邊有石墩，下棋對弈，非常舒適。

二人擺上棋盤，你來我往的對戰起來，亦畬首勝頭局。擺好再戰，這時，一陣風吹來，把棋盤吹落地下，亦畬意欲拾起，法空和尚說不用啦。說完伸出食指，在石碑上「哧哧」連劃幾下，刻入石碑足有二分深，劃出一個棋盤來，顯示一下自己的功夫。

李亦畬回頭一看，一個賣豆腐的停在門前，於是朝著賣豆腐的招招手說：「來一斤」，說話間，那方方正正的一塊豆腐已送到亦畬面前，李亦畬把豆腐放在石碑上，用食指沿著那塊豆腐邊緣，向四面劃了個印跡，然後，用手掌壓在豆腐塊上，運足丹田之氣，猛的一按，只聽「咔」地一聲，那七、八寸厚的石碑，竟然齊唰唰地掉下四四方方的石頭來，那塊豆腐是方方正正，不偏不塌，正好鑲在石碑當中。

那個「法空」和尚一見，驚的目瞪口呆，像個木頭人似的。從此以後「法空」和尚閉門不出，終日苦練，後來成了拳家名手。

李亦畬一生以行醫為業，終身致力於太極拳的研究，著作有《五字訣》、《撒放密訣》、《太極拳小序》、《走架打手行功要言》等等。又將王宗岳《太極拳論》和武禹襄太

極拳論益為己作，手抄三本，一本自存，一本交弟啟軒，一本交徒弟郝為真。在永年稱之為「老三本」。其敘述簡要、精練，無一浮詞，代代相傳至今，被太極拳界奉為經典。

李亦畬平時為人注重武德，不論窮、富之身，前來訪學，都以誠相待。在授徒方面謹小慎微，總是怕誤傳匪人，擇徒非常謹慎。得其真傳者有兩個兒子李石泉、李遜之和鄰居郝為貞，以及山東清河的葛福來。李亦畬不但繼承了武式太極拳的衣缽，而且進一步完備了武式太極拳，對武式太極拳的形成和完備的貢獻良多。

(三) 第三代傳人李遜之

李寶讓，字遜之，生於 1883 年，卒於 1944 年。李亦畬先生的次子，是武式太極拳的代表人物。由於李亦畬晚年得子，對遜之倍加體貼和愛護，並把武式太極拳藝和秘訣全部授於遜之。

因此，在拳藝上遜之造詣是相當深的，加之遜之先生天生悟性好，父親的言傳身教，傾心相授，使遜之完全繼承了武式太極拳的衣缽，並發揚光大。

李遜之不滿六歲，便在父親的督促下開始學練武式太極拳。開始因年幼貪玩，常受到亦畬先生的訓導和體罰。但不久遜之就迷上了太極拳。每日上午習文，下午習武，常常與哥哥李石泉推手較技，精於拳藝。李家世代書香門弟，平時給人的印象又似個文弱書生，都以為他不懂太極拳，其實遜之的功夫早已達到上乘水平。

有一次，趕會期間，來了不少親朋好友，街對面有一惡棍出言不遜調戲一女子，遜之出門迎接客人時發現此事，心

中不平，於是上前好言相勸。

　　惡棍不但不聽，而且衝著他大聲喊叫，讓他少管閒事。遜之再勸，惡棍舉拳朝遜之打來，只見遜之略一閃身，輕輕一撥，惡棍便跌出一丈開外，來了個嘴啃地。惡棍一看不好，爬起來溜走了。這時，鄉鄰好友才發現他是個武林高手，身手不凡，不愧是李亦畬的後代。

　　遜之先生平時為人和藹可親，平易近人，不少鄉鄰要拜師學藝，在選擇學生的時候，遜之首先注重人品的好壞，他不但傳學生們武功，而且教他們做人要孝順父母，尊敬師長，忠誠老實，不說假話，學太極拳是為了強身健體、防身自衛，不可好勇鬥狠，打架鬧事，使學生們懂得學武的目的，要求學生繼承和發展武式太極拳，不能讓拳藝失傳。教導學生們要勤學苦練，多加揣摩，嚴守身法，保持先輩們的特點。並且明確指出有了正確的練功方法，只有下苦功去練，沒有什麼近路可走，功夫是在老師經常的指導下苦練出來的。

　　李遜之在自己練功過程中，不斷的總結新的內容和練功方法，比如用繩子繫住雙手固定在脖子上，不用伸縮來發放人。他講出武式太極拳的抽絲勁和纏絲勁，是相互之間聯繫的，能掌握抽絲勁，就有了纏絲勁。從神氣方面講抽絲是直的，可是這一轉手，一轉身，腿轉、腰轉、兩臂也隨之轉了，就形成了纏絲，產生了勁路。

　　李遜之先生身懷絕技，拳藝卓越，但從未仗武欺人。他待人熱情，為人和藹可親。他最得意的門徒是他的族孫李錦藩，並將其畢生所學毫無保留的傳給了他，使武式太極拳後繼有人。李遜之在晚年時仍不斷的探討新的內容，研究拳法

的奧妙所在，著有《初學太極拳練法述要》，《不丟不頂淺釋》，《授藝精言》等拳論。是文武並重，德才兼備的一代太極拳大師。

㈣ 第四代傳人李錦藩

李錦藩，生於 1920 年，卒於 1991 年，武式太極拳第四代代表人物。自幼從師李遜之學習武式太極拳，隨李石泉學習器械，深得兩位老師的器重，習武成痴，全面繼承了武式太極拳之衣鉢，並總結出新的練功要訣：「立定腳跟豎起脊，拓開眼界放平心。」這不僅是走架行功的基本要領，也是平時為人處事的哲學。

他講練武式太極拳不能單憑時間來計算，重要的是練完每個架子，就要總結練這個架的體會，有很多東西是在長期的走架子中體會出來的，用心去練，按照要領，守住身法，加上老師的指導，功力才能提升得快。

他講兩人推手較技，首先要注意接好對方的勁。退是進，進是退，遇上對方的勁，一黏即走，同時還要進中有退，退中有進，在進、退轉換的同時，不是表現在手、臂上，而是在腰腿上表現出來。進是打人，退也是打人，兩人一點不接觸是無法發放人的，必須由皮肉的觸覺，借對方的勁，順勢借力達到把人發放出去的目的。

在實踐過程中，李錦藩在繼承傳統武式太極拳上，下了很大功夫。他說由於舊社會封建勢力的影響，武式太極拳有很多東西只是在少數族人內部傳習，老一輩的自藏本還沒有貢獻出來，如《七言四字解》其內容有「腳手不隨者不能，周身不一家者不能，身法散亂者不能，精神不團聚者不能

……。」這些內容從未見諸報刊、拳書。《授藝精言》分上下兩冊，上冊為李石泉授藝時的口述記錄，內附拳械秘本。下冊是李遜之授藝時的口述記錄，這都是非常珍貴的資料。據言按此口述練功，可免於迷途而臻於成熟。

除這些武、李先人遺下來的手稿外，李家還有六種未外傳的拳械套路，即武式太極拳小架，兩路炮捶，隴西式太極刀，隴西式太極劍，一路杆子。經過多年的苦練，李錦藩盡得師父之生平技藝，把武式太極拳所有的精華套路完整的繼承下來了，其內功純正，功力深厚，意到氣到，氣到勁到，隨處能化能發，出神入化。

當年李亦畬先生留下的練功的大鐵杆子，重的八十斤，輕的四十斤，八十斤的在文革期間被人化掉了。李錦藩逝世的前兩年，還拿起鐵杆子一氣可抖一百多下。

在那黑白顛倒的歲月中，破四舊運動，不准習練武術，說練武的人都不是好人，一度武術處於水深火熱之中。不能公開練，就半夜當人們都熟睡的時候起來練拳。祖上留下來的寶貴財富、民族的瑰寶，不能失傳。他以超人的毅力和意志苦苦的追求太極拳藝，使武式太極拳在那艱難困苦的年代中，得以完整的保留了下來，為後來的武術太極拳發展做出了重大貢獻。

李錦藩先生由於過去得到李家前輩的口授心傳，對武禹襄、李亦畬的拳論能準確地闡釋。李家歷代雖研習太極拳，但祖訓不准以教拳為業，授徒極少。從李亦畬、李啟軒到李石泉、李遜之，又到李錦藩，這個以耕讀為業，不以教拳問世的書香門弟之家，武式太極拳卻能歷代相傳，聲光燦然，久久不墜，這在歷史上也是罕見的。

李錦藩在自己練功的同時，注意選擇合適的傳人，1972年遇一熱血青年喬松茂，他誠心學藝，練功刻苦，感動了李師，經過多方考察和長時間的接觸，認為儒子可教，經過李氏家族的商討，把全部武式太極拳的精髓、要訣傳給了喬松茂。李錦藩高興地說：「我不是歷史的罪人了，武式太極拳沒有在我這一代失傳，我死而無憾了。」

1991年8月2日，李錦藩為籌備河北永年國際太極拳聯誼會，勞累過度離開了人間，享年72歲。李錦藩先生在逝世前，把武、李兩家傳下來的手稿器械交給他的繼承人得意門徒喬松茂保管，並寫下遺書「喬松茂是我的接班人，李家武式太極拳的傳人」。

李先生的逝世是我國太極拳界的一大損失。是他，這位傑出的太極拳名家，克服了重重困難，繼承傳下來這一古老不失原貌的拳種。武式太極拳的弟子會永遠懷念他。

(五) 第五代傳人喬松茂

喬松茂，河北張家口人。九歲隨在黃埔軍校當過國術教官的舅父張漢傑老師學練少林、通臂、黑虎、六合拳等，嗜武如痴。1971年到邯鄲縣插隊，有人見他這樣迷戀於武術，就介紹到武式太極拳第四代傳嫡傳人李錦藩那兒。

由於李師與喬松茂的身世都很有淵源，所以，兩人非常投緣。經過交談，李師得知喬松茂想尋求太極拳的真諦，在喬松茂的請求下，李師欣然接受了這位後來在武式太極拳的普及和發展上有著卓越成績的喬松茂為徒。

從1972年開始學習武式太極拳，他每天下班後到李老師處學習，而李師也是一招一式的精心傳授。由於當時的歷

史條件所迫，學拳還不是很公開，而且也只教喬松茂一人，每每練到更深人靜。這樣日復一日，年復一年的渡過了八個春秋，喬松茂技藝大進，師徒的感情也愈加深厚。

然而，李師到了退休的年齡，要回老家永年廣府鎮，臨行前對徒弟做了交待：「我退休了，武式太極拳我都交給你了，今後就看你自己練了。」喬松茂卻說：「以後我每週末到您家一次，繼續學拳和聆聽您的教誨。」說是容易做是難。在李錦藩退休的十年中，喬松茂幾乎每個星期六下班後，都獨自一人騎自行車從邯鄲市到永年廣府鎮老師家裡，往返 120 多華里，星期一早上再騎車趕回邯鄲上班。無論是烈日炎炎的盛夏，還是寒風刺骨的嚴冬，從不間斷。

喬松茂離鄉在外，把老師的家當做自己的家，有活就幹，有事就辦。而李老師同樣把他當做親兒子一般，問寒問暖，見他幾年來如一日，風裡來，雨裡去，很是心疼，就對喬松茂說：「武式太極拳我都交給你了，以後，就不要每個星期六都來了。」喬松茂回答：「您教我拳是我師父，教完了還是我師父。我來一是學拳，二是探望和侍候您。」

李錦藩被這一如既往的真誠所感動，找到本家叔叔李澤堂（李亦畬的孫子），向其說明喬松茂多年來刻苦學拳，心誠志專，認為儒子可教。

由於歷史和門派的原因，李家家傳拳藝不外傳，李澤堂說：「先教他五成功夫吧。」這樣一學又是二年。他還照舊不誤每週末到老師家，而且愈加敬重老師。

經過十多年的相處，老師深深的了解了學生。面對這般誠心求藝、品學兼優的徒弟，他再一次找到李澤堂，召集李氏家族代表，商量如何對喬松茂的傳授問題。

李錦藩說：「李家拳藝是先輩留下來的寶貴遺產，雖然很少傳外姓人，原因之一是未選擇到合適的人，如今喬松茂這樣誠心學藝，可以將應傳的東西全部傳給他，不能讓拳藝到我們這一代絕傳。如果在我們這一代絕傳，我們將是歷史的罪人。」

在認真討論後，終於決定將李家家傳的武式太極拳的全部要領、要術傳給喬松茂。這使得喬松茂豁然貫通、如虎添翼，為他後來的雲遊、應戰打下了堅實的基礎。

為了更深的了解武式，掌握太極拳的精髓，喬松茂自費到武當山、趙堡鎮、上海等地，廣結豪傑俠義之士，虛心求教，苦心專研。終於，功夫不負有心人，他的技藝達到了上乘，使得他屢戰屢勝，名揚中外。然而，不服者有之，好奇者有之，登門求教者亦有之。

一次，一位朋友與他的老師來到喬松茂家，喬松茂熱情地招待他們吃飯。那位老師是一個外家門派的傳人，說：「我們先交手，後吃飯。」

喬松茂平常不輕易與外人交手，只有在不得已時才與人搭手。經他再三推辭，對方堅持要切磋試手，兩人便在家中的小廳裡搭上手。對方一架上手想變換虛實，換手發勁進攻，但喬松茂一搭上手便接住對方的勁，跟住對方的勁，對方退不得，也換不得勁，盡處背勢。喬松茂並不發勁，連續三次都封死了對方，對方服倒在地。

在山西楊式太極拳協會成立十週年舉辦的名家講座上，新加坡推手冠軍董先生聽了喬松茂的講學後，找到喬松茂請教太極拳藝，要求推手較藝。董高大魁梧，喬身矮一截，結果董兩試兩負。會後，他專程追至邯鄲拜師學藝。

　　另有一位習武者，聽說喬松茂功夫非常了得，尋友人想拜會一下。喬松茂與同來者表演了「單指發人」、「解脫擒拿」、「以腹發人」等上乘絕技，但那位習武者感到「太玄」、「不能理解」露出疑惑之色。

　　喬松茂看透了他的心思，便邀他一試。那武夫心中暗忖「憑著自己多年來苦練太極拳的功底，還贏不了你？再說，今日遇此良機怎能錯過。」對喬松茂之舉真可謂正中下懷，求之不得。於是那武夫毫不推辭，欣然登場。

　　只見喬先生從容地伸出手指道：「有力盡可自用。」那人微微一笑道：「得罪了。」便迅速的抓住其食指，猛地向懷中捋來。誰知，不折尚好，這一折非同小可，只見其指微然一轉，一股勁力忽地沉向他的腳跟，與此同時，一股暴力向那人襲來，隨之那人跌出兩米開外。正當那人跟蹌欲倒之際，就見喬松茂，一躍身形，隨手將那人扶住。這時，那人才露出驚奇、敬佩之色，連口稱讚：「真乃名家嫡傳、不同凡響，高妙神微，佩服、佩服。」

　　還有人聽說，喬松茂得到李家真傳，遂找到他說：「聽說貴派先祖李遜之先生把手縛住，同樣能發放人。喬先生是武式太極拳的代表人物，盡得其真傳，能否表演表演，讓我一飽眼福。」

　　喬松茂聞聽向武氏流派「討教」，做為一門之長，不可怠慢，便讓其縛住手臂，說道：「進招吧。」那人以為你手被縛，怎敵我自由之身。豈不知，那人藐視喬松茂無雙手，首先就輸了一招，加之功力相差懸殊，一進身，便像接到彈簧一般，彈出兩米開外，撞到了牆上。

　　儘管他武功高強，但從不仗技欺人，他常用李錦藩老師

的話告誡自己、教導學生：「名聲是養出來的，不是打出來的。」「講究武德，與人交手要掌握分寸，點到為止，讓人明白，達到切磋的目的就行。」由此可見，喬松茂不僅武功卓越，而且武德高尚。

喬松茂把弘揚、發展太極拳，培養武術人才，做為自己的畢生追求。1987年，他發起籌備成立「邯鄲太極拳研究會」，在地區體委的大力支持下，他被任命為籌備組組長。他本著更好地開展太極拳的挖掘整理，繼承發展的宗旨，廣泛聯絡各流派傳人、各地太極拳組織、名家及愛好者。經過兩年的籌備，研究會於1989年9月成立，喬松茂被推選為副會長。

同年，喬松茂向邯鄲地區行署建議，組織旨在增進國際太極拳界友誼與合作和擴大對外開放的「河北·永年國際太極拳界聯誼會」，得到省、地領導的重視和採納，籌委會安排喬松茂負責聯絡國內外各派太極拳名家和傳人。喬松茂是台屬和僑眷，他利用自己的一些海外關係和影響，在短時間裡聯繫了國內五大流派的太極拳名家和傳人，聯絡了三十多個國家和地區的太極拳組織。

在國內，他先後登門拜訪和邀請了陳、楊、吳、孫、趙堡五個流派的太極拳名家、傳人。

大會召開時，他所邀請的名家全部到齊，海外也來了十七個國家和地區的代表，到會的國內外代表309人，是國內召開的大型的國際太極拳會議。大會結束後，喬松茂受到了河北省和邯鄲地區的表揚和嘉獎。

國際太極拳聯誼會後，他又籌備成立了「武式太極拳拳社」，各地武式太極拳門人和愛好者推舉他任社長。

　　為了更好地弘揚武式太極拳，喬松茂先生不惜跋涉三千餘里，到了遼寧撫順授徒傳藝，並協助遼寧組建了「武式太極拳研究會」，播下了武式太極拳的火種。

　　如今，喬松茂的學生遍及遼寧、甘肅、新疆、河南、河北、浙江等省及海外各國，真可謂：桃李滿天下。

　　李錦藩先生生前對李氏家族的人說：「永年武式太極拳傳人中，有兩人向社會推廣有大的貢獻，一是郝為真，一是喬松茂」。並把武式太極拳先賢的文械書稿，師承簿，和武式太極拳二世傳人李亦畬的牛角篆體印鑒，以及由其親筆書寫的四部秘籍《太極誨言》一併交給喬松茂保存，同時寫下遺書說「喬松茂是我的接班人，是李家武氏太極拳的傳人」。

　　難怪有人稱喬松茂，功純技精，名不虛傳，是太極拳界升起的一顆火焰照人的明星。中國武協副主席劉哲贈給喬松茂一幅中堂，上書：「獻身太極，無尚光榮」。

三、武式太極拳的習練方法

　　武式太極拳習練方法，和其它各式太極拳的習練方法基本上是相同的，是經過一個由生到熟，由熟到巧的逐步提升過程。

　　武式太極拳有著它獨特的運動特點和風格，只有充分體現出這些風格與特點來，使每一個動作姿勢準確，符合其要領，由易到難，由難到順，由順到長功，達到功深式準，才能更好的收到增強體質，延年益壽，技藝超群的效果來。

　　武式太極拳可分為三個階段來練習。

　　第一個階段，主要在姿勢的準確上下功夫，動作過渡式上打好基礎，像小學生寫字一樣，一筆一劃，橫平豎直，守住身法，一字一板，不可操之過急，拔苗助長。掌握技術差之分毫，謬以千里。把整個拳套架子中步型、步法、腿法、身法、手型、手法、眼神等基本要領做準確，步法穩定，一招一勢規規矩矩，把架子凝固好。

　　第二階段，走順階段，在動作準確，架子成形的基礎上，注意掌握動作的變化規律。折疊轉換做到協調連貫，圓活自然，拓開眼界體鬆心靜，輕靈沉著，周身一家腳手相隨，呼吸自然，氣蓄斂於脊骨之中。

　　第三階段，是成功架子，行動走架提起全副精神，一舉手，一投足，具有壓倒一切對手之氣勢。一連走幾個架子也不感到疲勞，完全是用內勁支配外形。以意行氣，以氣運身，達到意、氣、拳架三者合為一體。

　　在這三個階段練習過程中，始終都要努力做到「心靜、身靈、氣斂、勁整、神聚」這五個重要要訣。

　　這五個要訣若全部做到了，說明您的拳藝就能一步步地登上太極拳藝的高峰。心靜就是指練拳走架時思想集中，精神貫注，專心致志排除一切雜念，身靈就是指舉手投足不可呆頭呆腦，進退自如，身法靈活，刻刻留意在腰間。氣斂就是指氣沉丹田，氣斂入骨，動作配合好呼吸，以意行氣，以氣運身。勁整就是指一身之勁，合為一體，勁起於足跟，主於腰間，形於手指。周身一家腳手相隨，能發出全身之力的整勁來。神聚是神氣鼓蕩，精神貫注，眼觀六路，耳聽八方，提起全副精神來練拳走架。

　　下面把這三個階段主要過程及其要點，簡述如下。

(一) 第一階段

第一階段屬於打基礎、凝固架子的階段，要注意以下幾個要領：

1. 端正姿勢

練武式太極拳首先要注意姿勢正確，最重要的是上身要自然豎直，腰脊中正，頭不可前伸，頂頭懸，下頦微內收，目平視前方，兩肩、兩跨要自然放鬆，不可前俯後仰，左歪右斜，聳肩扭胯。

身體各部位按著基本要領準確無誤，每一個部位的基本要領，都會聯繫著別的部位的基本要領，不要造成錯誤的定型，這一階段也是最重要的階段。

基礎不打好，必定造成以後的不正確動作。例如，姿勢中臀部外凸必然牽連腰部和胸部前挺，腹肌緊張。因此，初學階段要姿勢準確，不可貪多求快，潦草從事，這樣做開始階段可能刻板一些，靈活性稍差，但只要抓住了身法中的主要關節，守住身法，一開始進步會慢點，把架子凝固好，將來進步就快，從某種意義上講，慢就是快。

如果一開始不注意姿勢的準確性，守不住身法，一開始好像學得比別人快，但以後進步就慢了。相反地，快就是慢，常言說學拳容易改拳難，就是這個道理。

2. 穩定中心

要使身體姿勢端正，穩定中心是很重要的，穩定中心首先要保持下肢的穩定，步型、步法是整個姿勢的基礎。下肢

如不穩，上身就發飄，下肢不穩的主要因素大多數是由於步型、步法不得當。

步子過小過窄，或腳的位置、角度不對，以及變換虛實不清，造成身體不穩。步型要準確，步法要適度，也可以單練各種椿步和步法。穩定好中心，培養下肢的支撐平衡力量，掌握好要領，銜接好步法之間的轉換，不要錯誤地理解要領，別著自己的步法，越練越走偏路。

同時要多練各種腿法（蹬腳、分腳、擺蓮、踢腿、壓腿）和腰部的柔韌性方面的練習，來增強下肢的穩定。總之，武式太極拳行功走架下肢的穩定是相當重要的。

3. 舒鬆均勻

練武式太極拳，初學時要注意舒鬆均勻，舒鬆不是軟化無力，而是按著規矩，不可僵硬，一字一板的自然運動，鬆而不懈，緊而不僵，運勁如抽絲，邁步如貓行，不可使用拙力，造成不必要的緊張、呆板。

掌握好要領，把不必要的緊張和僵勁去掉，注意鬆肩沉肘，鬆胯活腰，以腰為主宰，反覆習練，動作要均勻，初學時動作要慢一些，用力要輕，易於使動作準確，消除拙力。初學時動作不熟練，可以在動作之間有片刻的停頓，體會一下要領，再做下一個動作，但是在動作熟練準確之後，就要努力保持均勻的速度，起落轉換不可忽快忽慢，不可上下起伏，不可左歪右斜，把架子固定好。

(二) 第二階段

第二階段走順架子，掌握好運動規律。

1. 連貫協調

練武式太極拳在姿勢動作有了一定的基礎之後，就進入走順架子連貫協調階段，各個姿勢動作的前後銜接，一氣呵成，如行雲流水一般，前一個動作的完成，就是下一個動作的開始，不可中途斷線。要求上下相隨，完整一氣，手到腳也到，手轉腳也轉，全身各個部位運動要連貫協調，一動無有不動，一靜無有不靜。做到節節貫串，整個過程精神要提得起，密切配合全身的運動，如長江大海濤濤不絕。不可手腳快慢不一，軀幹、四肢脫節。

手腳齊到方為真，就是說手腳齊到才能發出更大的勁力來，才能發出一個整勁。如果手到腳不到，等於瞎胡鬧，就是說手到腳不到，就不能發出全身之勁來，對方也受不到重大的打擊，而且往往自己就失去了重心，受人所制。因此說動作的連貫協調也是至關重要的。

2. 空鬆圓活

武式太極拳的動作練起來要靈活自然，銜接和順。在動作要領上，特別注重運用腰脊帶動四肢，以腰為軸，體現坐腕旋臂，屈膝鬆胯等要領。

反覆練習，做到變轉圓活，輕靈順遂，空鬆圓活是相輔相成的。平日練拳走架，要認真揣摩空鬆的意義，這樣久練之後，才能達到上乘功夫。

3. 呼吸順然

武式太極拳初學時要求呼吸自然，動作熟練之後，可根

據個人的體會和需要，在順其自然的前提下，有意識地引導呼吸，更好地配合動作，這種呼吸是拳式的自然呼吸。氣沉丹田，有意識的呼氣，推動腹股和隔肌運動。

太極拳的動作情況比較複雜，在練習拳藝的過程中，人的自然呼吸會隨著人體運動的代謝需要而產生變化，不要刻意的去追求它，應順其自然的得到這種氣。

這裡所講的氣，是指練太極拳達到一定水平時，人體所產生的一種自身感覺，也是這種自身的感覺來支配著外形的運動，以氣運身就是這個道理。

(三) 第三階段

第三階段，成功架子，掌握好換勁的方法。

1. 剛柔相濟

從武式太極拳套路來講，勁力完整，連綿不斷，剛柔相濟，內外合一是在經常的演練中逐步體會出來的功夫，而不是一朝一夕所能體會出來的。

運動的本身就是矛盾。動作達到定式或趨於完成時，腰脊和關節要注意鬆沉、穩定。

上肢動作由虛轉實時，小臂要沉，手掌逐漸展指、坐腕，握拳要由鬆而緊，小臂運轉要轉靈。

結合運動的虛實變化，勁力有柔有剛，張弛交替，打起拳來既輕靈又沉著，做到柔中寓剛，剛中寓柔，避免僵化、軟化現象，使勁力剛柔相濟，打起拳來，身體各部位好像在彈性屈伸中運動，顯示出極柔軟又極堅實的特點來。

2. 勁力完整

武式太極拳的功力除剛柔相濟，還要勁力完整，處處不斷勁。斷勁是指力量的中斷、停頓、脫節、突變。要使勁力完整，綿綿不斷，就要在動作連貫協調，空鬆圓活的基礎上掌握用勁的規律。

運動起來，以腰為樞紐，周身完整一氣，不可忽視腰腿的作用。力發自於腰腿，運用兩臂兩手達於手指。我們強調發力，周身完整，絕不是忽視上肢作用，兩臂的變化最多，是勁力運用的集中表現，決不能忽視。小臂外旋時，注意小指一側微微用力，好似向裡裏勁。前推時，除腕部不坐外，可注意中指或食指的領勁，意念中好像力量貫注到指尖。總的來說，剛柔相濟，是指力量的變化。

3. 以意導動

武式太極拳始終要求思想集中，以意導動，意念集中不是情緒緊張呆板。意念的活動要與勁的剛柔、張弛相一致，形成有節奏的變化運動。體現出沉而不僵，輕而不浮的特點。打拳要注意精神飽滿，包括眼神運用，在外示安逸中，自然生動，富有生氣。意念、勁力、動作三者是統一的，意、氣、拳架合為一體，意念引導勁力，勁力產生了運動。所以，太極拳要求先在心，後在身，勢換勁連，勁換意連，使人感到高深莫測，不易攀登。

武式太極拳的走架練法學起來容易，真正按照要求去做是很不易容的，還要持之以恆，不能三天打魚二天曬網。練習貴在堅持，根據自己的工作、學習情況在業餘時間安排好

鍛鍊，做到精益求精，細心揣摩，苦心專研，定能學好、練好武式太極拳，攀登武式太極拳拳藝的頂峰。

四、武式太極拳對身體各部位姿勢的要求

武式太極拳講「不在樣式，在氣勢；不在外面，而在內」和「重意不重形」，這是指功夫較深，動作已定型，只須從內動來帶動外形而說的。對初學者，還是應該先重形，後重意，先須力求姿勢正確，不要單純追求進度，只有把基礎打得堅固，才能有利於技術的逐步提高。下面把武式太極拳對身體各部位姿勢的要求簡述如下：

1. 頭

頭要正直，不低頭，不仰面，不左右歪斜，轉動時要自然平正，不可搖晃。面部肌肉要自然放鬆，頜要微內收，百會穴始終保持「虛領頂勁」，意想頭上似輕輕頂著碗清水，不可使其溢出。

2. 頸

頸要端正，自然豎直，肌肉放鬆，使頸部保持靈活，不可前伸。

3. 肩

肩關節要求鬆開，肌肉不可僵硬，沉肩垂肘，不可前扣或後張，自然放鬆。

4. 肘

肘關節始終要微屈並具有下垂勁，例如，拳式中白鵝亮翅等手臂上舉並超過肩部動作時，肘尖仍然有下垂之意。肘不離肋，肘不貼肋，使肘部有回旋的餘地，還要有保護肋的作用。肘尖不可外張，自然彎曲。

5. 腕

腕部關節非常重要，最應注意坐腕。在手臂伸縮、升降過程中，腕部不可僵硬，也不要軟弱。定式時，腕部隨身法沉著下塌，促使手臂徐徐貫注內勁，這叫做坐腕。坐腕也叫塌腕。

6. 胸

胸要含胸而不凹胸，胸部要自然，意念有內涵之意，外形上決不可成為凹胸。含胸也可稱作暢胸，不可挺胸，兩鎖骨鬆沉，同時和拔背也有著相互關係。

7. 背、脊

含胸和拔背是連在一起的，背部肉要放鬆下沉。脊骨豎直「力由脊發」。拔背的作用在技擊上是為了有利於卷勁和放勁。

8. 腰

腰是上下轉動的關鍵，要鬆活自然，使氣沉丹田能夠沉得充分，腰要豎直、靈活，才能使內勁達到八面支撐的功

用，因此說刻刻留意在腰隙。做到鬆、沉、直，腰力運用得當，可以增加發力，提高速度，並使周身力量集中於一點。正如拳家所講：「掌腕肘和肩，背腰胯膝腳，上下九節勁，節節腰中發。」

9. 臀

斂臀在拳中是很重要的，就是讓臀部向內收斂，不可外突，斂臀使後臀部易保持中正，突臀容易扭臀，也會影響「尾閭中正」。

10. 胯

胯關節首先要求鬆開，胯開腰腿的動作就更為靈活協調。胯關節是調整腰腿的關鍵，如果胯關節不鬆開，腰腿也就很難合順相隨，要多做一些鬆胯的動作，提高其靈活性和柔韌性。

11. 膝

膝部支撐全身活動的重量，負擔最大。因此，膝關節要靈活，定式時，膝關節要有微向內扣之意，外形不可顯露。弓腿時，膝尖不可超出足尖。膝在技擊上作用也是很大的，適於近前作戰，提膝打擊對方襠等部位，近身殺傷力很強。

12. 足

足即是腳，是各種步型，步法的根基，根基不穩，步法必亂。進退轉換相當重要，腳要五趾抓地，手進三分，腳進

七分，腳進七分，手腳齊到為勝手。

五、武式太極拳的技術要領

㈠ 手　型

1. 拳

五指捲屈，自然握攏，拇指壓於食指、中指第二節上。拳型有：平拳、立拳、栽拳、仰拳、俯拳、豎拳。（圖1、2、3、4、5、6）

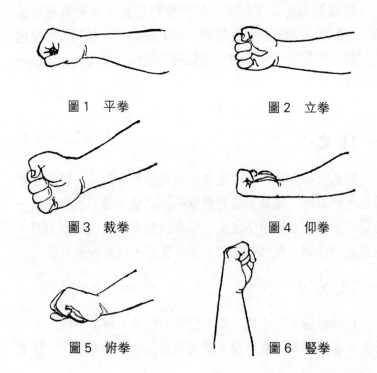

圖1　平拳　　　　　　圖2　立拳

圖3　栽拳　　　　　　圖4　仰拳

圖5　俯拳　　　　　　圖6　豎拳

2. 掌

五指伸直分開外撐，掌心微合，五指均有上頂之意。掌型有：豎掌、托掌、按掌、立掌。（圖7、8、9、10）

要領：無論是拳還是掌，都要求用力自然、舒展，不可僵硬、鬆軟。拳不要握得過緊，掌指不要後撐或前屈。

圖7　豎掌

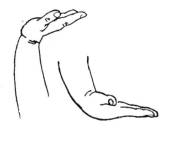

圖8　托掌

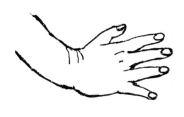

圖9　按掌

圖10　立掌

㈡ 手　法

1. 推掌

掌從耳側或胸前向前推出，掌心向一側偏前，指尖向上，掌高不過眉，低不過肩，臂微屈不可伸直，肩放鬆，勁達掌緣坐腕，成豎掌。

2. 分掌

兩掌向斜前方或斜後方，或前後方分開，臂不可伸直，坐腕、成豎掌。

3. 穿掌

一掌經另一肘內向上穿出，成豎掌。

4. 摟掌

掌經胸前向左或右橫摟，停於胯前，掌心向下，坐腕，成按掌。

5. 橫掌

屈肘上舉，橫架於前額斜上方，掌心向上偏前，肘有下垂之意。

6. 托掌

掌心向上，由下向上托起。

7. 按掌

拇指在內，掌心向下，向下按出。

8. 衝拳

拳從腰間內旋向前衝出，臂不可伸直，高不過肩，低不過腰，勁達於拳面，成平拳。

9. 栽拳

拳從上向前下方斜方向栽出，拳面向斜下方，勁達拳面，成栽拳。

10. 拉拳

拳經臉前向後拉至耳邊，不可過耳，拳心朝內，肘不可抬，成豎拳稍斜。

11. 頂拳

拳面經臉前向前頂出，勁達於前小臂外側和拳面，肘有下垂之意，為豎拳。

12. 雲手

兩掌在體前交叉以腰為軸帶動兩臂兩掌向左、右畫一立圓，成豎掌。

13. 撩掌

掌在前由上向下後摟出，掌心在體後斜向上方。

㈢步 型

1. 弓步

前腿屈膝，小腿與地面垂直，大腿斜向地面，腳尖向前，微裡扣。後腿自然蹬直，腳尖斜向前 45-60 度，兩腳全腳掌著地，十趾抓地，身體豎直。平視前方。（圖 11）

2. 虛步

後腿微屈，大腿斜向地面，後腿腳尖斜向前 45-60 度，全腳掌著地，五趾抓地，重心落於後腿，腳跟與臀部垂直在一條線上，前腿伸直稍屈，腳尖或腳跟著地，身體豎直。平視前方。（圖 12、13）

3. 仆步

後腿微屈，全腳掌著地，五趾抓地，腳尖稍外展，前腿自然伸直，腳前掌著地，腳尖向前稍斜，身體豎直。平視前方。（圖 14）

圖 11

圖 12

圖 13

圖 14

4. 獨立步

支撐腿伸直站立，全腳掌著地，五趾抓地，另一腿屈膝上抬，大腿高於水平，腳尖自然下垂，身體豎直。眼平視前方。（圖 15）

5. 點步

兩腿微屈，一腿全腳掌著地，另一腿腳尖著地，落於實腿裡側，身體豎直，平視前方。（圖 16）

圖 15

圖 16

6. 開立步

兩腳平行開立，與肩同寬，兩腿直立或微屈。（圖17）

要領：各種步型都要穩健，保持尾閭正中，不偏不倚，氣沉丹田，重心穩定。

圖 17

㈣ 步　法

1. 上步

後腿向前一步或前腳向前半步。

2. 退步

前腳向後退半步。

3. 進步

兩腳連續各前進一步。

4. 撤步

前腳向後撤一大步，或後腳向後撤半步。

5. 跟步

後腳跟至前腳半步。

6. 蓋步

一腳經另一腳前側落步。

7. 轉腳

一腳向後撤步，一腳以腳跟為軸，一腳以腳尖為軸，向後轉體。

(五) 腿　法

1. 分腳

支撐腿微屈站穩，另一腳屈膝抬起，腳面繃平，腳尖向前踢出，同時，支撐腿蹬直，分腳高不過膝。

2. 蹬腳

支撐腿微屈站穩，另一腿屈膝抬起，腳尖回勾，向前蹬出，同時支撐腿蹬直，與膝同高。

3. 二起腳

右腳上步踏實起跳，左大腿帶小腿彈起，右腿緊跟上，兩腿騰空，右手拍擊腳面。

4. 擺蓮腳

支撐腿微屈站穩，另一腿從異側踢起，經臉前向外擺動，腳面繃平，兩手在臉前依次拍擊腳面。

要領：各種腿法要求支撐穩定，保持身法中正，掌握好平衡，穩定重心，不可低頭彎腰，左歪右斜。眼隨腿平視前方。

㈥ 眼　法

眼法在整個套路架子當中是非常重要的，要精神提得起，全神貫注，勢動神隨，神態自然，神氣鼓蕩，要有壓倒對方之神韻。

第二章
武式太極拳套路

一、武式太極拳動作名稱

第 一 式　起式　　　　　　第十八式　迎面掌
第 二 式　左懶扎衣　　　　第十九式　肘底看捶
第 三 式　右懶扎衣　　　　第 二十 式　倒攆猴
第 四 式　單鞭　　　　　　第二十一式　手揮琵琶
第 五 式　提手上勢　　　　第二十二式　白鵝亮翅
第 六 式　白鵝亮翅　　　　第二十三式　左摟膝拗步
第 七 式　左摟膝拗步　　　第二十四式　手揮琵琶
第 八 式　手揮琵琶　　　　第二十五式　按勢
第 九 式　左摟膝拗步　　　第二十六式　青龍出水
第 十 式　右摟膝拗步　　　第二十七式　三甬臂
第十一式　上步搬攔捶　　　第二十八式　單鞭
第十二式　六封四閉　　　　第二十九式　雲手
第十三式　抱虎推山　　　　第 三十 式　單鞭
第十四式　手揮琵琶　　　　第三十一式　左高探馬
第十五式　右懶扎衣　　　　第三十二式　右高探馬
第十六式　單鞭　　　　　　第三十三式　右起腳
第十七式　提手上勢　　　　第三十四式　左起腳

圖解說明

1.圖像面對讀者為南，後為北，左為東，右為西。學者練習時，可不受此限制。

2.圖解中凡有「同時」二字時，無論在前在後敘述，都需一齊動作，配合協調。

3.圖像是平面的，起架時是立體的，圖像有不明白之處，以圖解說明為準。

二、武式太極拳 85 式圖解

預備式

兩腿自然站立，兩腳尖向前，兩腳距離相隔一拳左右。兩臂自然下垂，肘關節微屈，指尖朝下。面向南方。兩眼向前平視。（圖1）

要求：頭要自然豎直，要正。下頦微內收，舌尖輕頂上腭，唇輕閉，齒輕合，頭頂百會穴，用意輕輕上頂。鼻吸鼻呼。兩眼平視前方兼顧左、右。兩耳靜聽八方，兼顧身後。做到含胸拔背。胸部不可內凹和外凸，脊背自然豎直。全身放鬆，內固精神，外示安逸，兩肩放鬆有下沉之意。氣沉丹

圖 1

圖2　　　　　　　　　　圖3

田，排除一切雜念，提起全副精神，為起式做好準備。

　　注意：上述要點，在整個套路中都必須做到，刻刻注意，下面各式不再重複。

第一式　起式

　　身體正直，兩腿微屈，重心移於右腿。左腳提起向左分開落實，兩腳距離與肩同寬平行，腳尖向前。同時，兩手五指撐開，十指上翹，坐腕，手背朝上，手心朝下，掌指朝前成俯掌。眼平視前方。（圖2）

　　要求：頸項要自然豎直，不可僵硬。腹部要充實，下盤要穩固，軀幹不准左歪右偏，要有氣斂入骨之感覺。

第二式　左懶扎衣

　　重心右移，腰微左轉。左腳腳跟抬起，腳尖點地，右腿

圖4　　　　　　　　　　　圖5

實左腿虛。同時，兩手上舉置於胸前，左掌在前在上，掌指
朝上，掌心朝右，坐腕成豎掌。右掌在後在下置於右胸前，
掌指斜向前上方，掌心朝前斜下方偏左。隨左腳提起向左前
方45度角（東南方向）邁步蹬出，腳跟著地，腳尖上翹，
重心坐於右腿，右腿微屈，右腿實左腿虛。面向東南方向。
（圖3）

　　右腿蹬直，重心前移，左腿前弓，左腳落平踏實，成左
弓步。同時兩掌微外旋，位置隨身體前移而動。面向東南方
向。（圖4）

　　重心前移落於左腿，右腳提起跟至左腳右側偏後，腳前
掌著地。兩腿微屈，左腿實右腿虛。同時右手在右胸前向前
右上方徐徐推出，左手也要有前推之意，兩掌同高，均成豎
掌。面向東南方向，眼平視前方。（圖5）

　　要求：兩手掌上舉時要鬆肩沉肘，左掌要對於鼻之中

線，五指撐開，邁步時小腿帶動大腿。虛步時並非全虛，實步也並非全實，要有騰挪之勢。弓步時，前腿膝蓋決不能超過腳尖，最標準姿勢要求小腿是直立的，不能不到，也不能過。軀幹保持中正，自然呼吸。跟步和推掌同時進行，周身一家腳手相隨，不能有先有後，要撐握變換好虛實。

注意：以後各式如有此動作，要求同上，不再重複說明。

第三式　右懶扎衣

重心移於右腿，左腳以腳跟為軸，腳尖微裡扣，身體右轉，左腳踏實，重心移回左腿。同時兩手右移置於胸前。右掌在前在上，掌指朝上，掌心朝左，坐腕成豎掌；左掌在下在後置於左胸前，掌指斜向上方，掌心朝前斜下方偏右。隨之右腳提起向右前方 45 度角（西南方向）邁步蹬出，腳跟著地，腳尖上翹，重心坐於左腿；左腿微屈，左腿實右腿虛。面向西南方向。（圖6）

左腿蹬直，重心前移，右腿前弓，右腳落平踏實，成右弓步。同時兩掌微外旋，位置隨身體前移而動。面向西南方向。（圖7）

重心前移落於右腿，

圖6

圖 7　　　　　　　　　　圖 8

左腳提起跟至右腳左側偏後，腳前掌著地，兩腿微屈，右腿
實左腿虛。同時左手在左胸前向前斜上方徐徐推出，右手也
要有前推之意。兩掌同高，均成豎掌。面向西南方向，眼平
視前方。（圖8）

　　要求：右腳以腳跟為軸向右轉體時不要過大，掌握好方
向、尺度。其餘與第二式相同，惟方向相反。

第四式　單　鞭

　　重心移於左腿，右腳以腳跟為軸，腳尖裡扣朝南偏東。
身體左轉，重心移回右腿。隨之左腳提起向左（正東方向）
出步，腳跟著地，腳尖上翹，右腿微屈，重心落於右腿上，
右腿實左腿虛。同時兩肘下沉，兩掌微外分。面向正南方
向。（圖9）

圖 9

圖 10

　　右腿蹬直，身體以腰為軸向左轉。左腿前移，左腳落平踏實，成左弓步。同時右手向後分出，掌指朝上，掌心朝南，坐腕成立掌，與肩同高。左手隨身體左轉在前右方，掌指朝上，掌心朝右，高與眉齊。面向東偏南，眼平視前方。（圖 10）

　　要求：身體轉動時，以腰為軸帶動四肢，保持穩定。特別左手外形只是微動，完成用腰的帶動而動，刻刻留意在腰隙。上身不能前傾和後仰，以意帶動，完全是用內勁支配外形而動。切記兩腳在身體轉動時不准移動。

第五式　提手上勢

　　重心全部移於左腿，右腳提起跟至左腳右側偏後，腳前掌著地。重心右移於左腿上，左腳以腳跟為軸，腳尖裡扣，

圖 11　　　　　　　　　圖 12

身體右轉，面向西南方向。重心移回左腳，兩腿微屈，左腿實右腿虛。同時右手弧形裡帶下按，置於右小腹前方成俯掌，左手小臂隨身體轉動前移。面向西南方向，眼平視前方。（圖11）

　　要求：跟步、按掌、轉體同時進行，要有騰挪、閃戰之勢。

第六式　白鵝亮翅

　　重心仍在左腿，右腳提起向右前方（西南）邁步蹬出。腳跟著地，腳尖上翹，重心坐於左腿，左腿微屈，左腿實右腿虛。同時左手右移微下落，掌指朝上，掌心朝右，坐腕成豎掌。右手從右小腹前經左臂外側向上架出，橫於前額斜上方。掌心朝上偏前，掌指朝左，面向西南方向。（圖12）

圖 13　　　　　　　　　　　　圖 14

左腿蹬直，重心前移，右腿前弓，右腳落平踏實，成右弓步。同時左手隨身體前移向前徐徐推出。仍成豎掌。（圖13）

重心前移，左腳提起跟至右腳左側偏後，腳前掌著地，兩腳微屈，重心在右腿上，右腿實左腿虛。同時左掌隨身體前移而動，面向西南方向。眼平視前方。（圖14）

要求：出腿與向上橫掌同時進行，注意頭不要歪，右手肘尖要有下垂之意，以軀幹帶動左掌向前推出。跟步時左掌仍有前推之意，上手要坐腕。穩定好重心，肩要鬆下來，以全身的整勁前推。

| 圖 15 | 圖 16 |

第七式　左摟膝拗步

　　重心全部落於右腿，左腳提起經左向右腳後方落步，腳尖點地，落實。重心移於左腿，右腳以腳跟為軸，腳尖裡扣，身體經左向後轉體 180 度。重心移向右腿，左腳以腳尖為軸，腳跟抬起外碾。面對東北方向。隨之左腳提起向左前方（東北方向）邁步蹬出，腳跟著地，腳尖上翹，重心坐於右腿，右腿微屈。右腿實左腿虛。同時右手下落於右耳外側偏前，掌心朝內偏斜下方。左手隨身體轉動向左下方摟出，置於左胯外側偏前。掌指朝前，掌心朝下，坐腕成俯掌。肘微屈，面向東北方向。（圖 15）

　　右腿蹬直，重心前移，左腿前弓，左腳落平踏實，成左弓步。同時右掌經臉前向前方徐徐推出，掌指朝上，坐腕成豎掌。面向東北方向。（圖 16）

圖 17　　　　　　　　圖 18

重心前移，右腳提起跟至左腳右側偏後，腳前掌著地，兩腿微屈。左腿實右腿虛。同時左手上移置於右掌下方，掌指朝上，坐腕成豎掌。面向東北方向，眼平視前方。（圖17）

要求：轉體時要重心穩固，不能左右搖擺，虛實變換清楚，具有騰挪之勢，跟步推掌時不准有起伏。注意折疊轉換要恰到好處。

第八式　手揮琵琶

右腳提起向後撤一大步落實，重心移至右腿，左腳收至右腳左前方，腳尖點地，成左虛步。兩腿微屈，右腿實左腿虛，重心在右腿，同時兩手隨撤步後移，左手上舉，掌指朝上，掌心朝右，坐腕成豎掌。右手下落置於左掌下方。面向

圖 19   圖 20

東北方向。（圖18）

要求：撤步時臀部不要外凸，注意收臀，兩肘不能緊貼，要有空鬆圓活的感覺。肘不可外露。注意裹襠護肫。

第九式　左摟膝拗步

左腳提起向左前方（東北方向）邁步蹬出，腳跟著地，腳尖上翹。右腿微屈，重心坐於右腿，右腿實左腿虛。同時右手後上移置於右耳外側偏前，掌心朝內偏斜下方。左手向左下方摟出置於左胯外側偏前，掌指朝前，掌心朝下，坐腕成俯掌。肘微屈，面向東北方向。（圖19）

右腿蹬直，重心前移，左腿前弓，左腳落平踏實，成左弓步。同時右掌經臉前向前方徐徐推出，掌指朝上，坐腕成豎掌。面向東北方向。（圖20）

圖 21

圖 22

　　重心前移，右腳提起跟至左腳右側偏後，腳前掌著地，兩腿微屈。左腿實右腿虛。同時左手上移置於右掌下方，掌指朝上，坐腕成豎掌。面向東北方向，眼平視前方。（圖21）

　　注意：除身體不轉體外，要求同第七式相同。

第十式　右摟膝拗步

　　重心移至右腿，左腳以腳跟為軸，左腳微裡扣，身體右轉，重心移回左腿。右腳提起向右前方（東南方向）邁步蹬出，腳跟著地，腳尖上翹，左腿微屈，重心坐於左腿，左腿實右腿虛。同時左手後上移至左耳外側偏前，掌心朝內偏斜下方，右手向右下方摟出置於右胯外側偏前。掌指朝前，掌心朝下，坐腕成俯掌。肘微屈，面向東南方向。（圖22）

圖 23　　　　　　　　圖 24

左腿蹬直，重心前移，右腿前弓，右腳落平踏實，成右弓步。同時左掌經臉前向前方徐徐推出。掌指朝上，坐腕成豎掌。面向東南方向。眼平視前方。（圖 23）

要求：在換式時要銜接好，步法要合順，身體不可前撲。注意出腳的位置要準確。

第十一步　上步搬攔捶

重心前移，左腳提起跟至右腳左側，腳前掌著地，兩腿微屈，重心在右腿，右腿實左腿虛。同時右掌變拳，從內向外翻腕畫一立圓，置於小腹右上方，拳心朝上成仰拳。左掌隨身體前移而動。面向正東方向。（圖 24）

圖 25　　　　　　　　　　　　　圖 26

重心左移，右腳以腳跟為軸，腳尖微裡扣，重心移回右腳，左腳提起向前方（正東方向）邁步蹬出，腳跟著地，腳尖上翹，右腿微屈，重心坐於右腿，右腿實左腿虛。同時左掌下按，右拳上移。面向正東方向。（圖 25）

右腿蹬直，重心前移，左腿前弓，左腳落平踏實，成左弓步。同時右拳內旋經左掌腕上向前衝出，拳心朝下，拳面朝前成俯拳。面向正東方向，眼平視前方。（圖 26）

要求：跟步和右手變拳同時進行，搬攔時要用意不用力。提起精神，握拳不要過緊，不可僵硬。

第十二式　六封四閉

重心前移，右腿提起跟至左腳外側，腳前掌著地，兩腿微屈，重心在左腿，左腿實右腿虛。同時右拳變掌，左、右手向前下方按出，掌心朝斜前下方。面向正東。（圖 27）

圖 27

圖 28

　　右腳提起向後撤一大步落實，重心移於右腿，左腳收至右腳右前方，腳尖點地，成左虛步。兩腿微屈，重心在右腿，右腿實左腿虛。同時兩掌隨身體後移而動。面向正東方向。（圖 28）

　　左腳提起向前方（正東方向）邁步蹬出，腳跟著地，腳尖上翹，右腿微屈，重心置於右腿，右腿實左腿虛。兩手微抬。面向正東方向。（圖 29）

　　右腿蹬直，重心前移，左腿前弓，左腳落平踏實，成左弓步。同時兩掌隨身體

圖 29

圖 30　　　　　　　　　　圖 31

前移前推。面向正東方向。（圖 30）

　　重心前移，右腳提起跟至左腳右側，腳前掌著地，兩腿微屈，重心在左腿，左退實右腿虛。同時兩掌坐腕隨身體前移前推。面向正東方向。眼平視前方。（圖 31）

　　要求：向前推掌時是和身體成一整體，兩掌微動。在撤步時兩掌要隨身體而動，不可頂，更不能瘋。退步注意收臀，弓步時要注意小腹橫隔肌運動，但不要刻意去追求。注意小腹要有上翻之意。內動不可外露，勁不可懈。

第十三式　抱虎推山

　　右腳提起經右向左腳後方落步，腳尖點地。重心右移，左腳以腳跟為軸，腳尖裡扣，身體右轉 135 度，面向西北。重心移回左腿。兩腿微屈，重心在左腿上，左腿實右腿虛。同時左手上移置於胸前，掌指朝上，掌心朝右，坐腕成豎

圖32

圖33

掌。右手下落置於左掌下方，掌指朝上，坐腕成豎掌。面向西北方向。（圖32）

右腳提起向右前方（西北方向）邁步蹬出，腳跟著地，腳尖上翹。左腿微屈，重心坐於左腿，左腿實右腿虛。同時兩掌隨身形而動。面向西北方向。（圖33）

左腿蹬直，重心前移，右腿前弓，右腳落平踏實，成右弓步。同時兩掌隨身體前移而動。面向西北方向。（圖34）

圖34

圖 35　　　　　　　　　　圖 36

　　重心前移，左腳提起跟至右腳左側，腳前掌著地，兩腿
微屈，重心在右腿，右腿實左腿虛。同時右手上移，掌指朝
上。左手下落於右掌下方。面向西北方向，眼平視前方。
（圖 35）

　　要求：轉體時要重心穩定，動作要協調進行，一動全
動。上下相隨，全身走出整勁來。

第十四式　手揮琵琶

　　左腳提起向後撤一大步，身體微左轉，面向正西方向，
右腳收至左腳右前方，腳尖點地，成右虛步，兩腿微屈，左
腿實右腿虛。重心在左腿。同時兩掌左移，掌形不變。面向
正西，眼平視前方。（圖 36）

圖 37　　　　　　　　圖 38

第十五式　右懶扎衣

右腳提起向右前方（正西方向）邁步蹬出，腳跟著地，腳尖上翹，左腿微屈，重心坐於左腿上，左腿實右腿虛。同時右手前移，右掌在前在上，掌指朝上，掌心朝左，坐腕成豎掌。左掌在下在後置於左胸前，掌指斜向前上方，掌心朝前斜下方偏右。面向正西。（圖 37）

左腿蹬直，重心前移，右腿前弓，右腳落平踏實，成右弓步。同時兩掌微外旋，位置隨身體前移而動。面向正西方向。（圖 38）

重心前移落於右腿，左腳提起跟至右腳左側偏後，腳前掌著地。兩腿微屈，右腿實左腿虛。同時左手在左胸前向前斜上方徐徐推出。右手也要有前推之意。兩掌同高，均成豎

圖 39　　　　　　　　圖 40

掌。面向正西方向，眼平視前方。（圖 39）

第十六式　單　鞭

　　左腳提起向右腳後落步踏實，重心移於左腿。右腳以腳跟為軸，腳尖裡扣朝南偏東，身體左轉 90 度，重心移回右腿。隨勢左腳提起向左（正東方向）出步，腳跟著地，腳尖上翹，右腿微屈，重心落於右腿，右腿實左腿虛。同時兩肘下沉，兩掌微外分。正向正南方向。（圖 40）

　　右腿蹬直，身體以腰為軸向左轉。左腿前移，左腳落平踏實，成左弓步。同時右手向後分出，掌指朝上，掌心朝南，坐腕成立掌，與肩同高。左手隨身體左轉置於左胸前方，掌指朝上，掌心朝右，高與眉齊。面向東偏南，眼平視

圖 41　　　　　　　　　　圖 42

前方。（圖41）

第十七式　提手上勢

　　重心全部移於左腿，右腳提起跟至左腳右側，腳前掌著地。兩腿微屈，重心在左腿，左腿實右腿虛。身體微右轉，同時右手弧形向下按出置於右胯外側，掌心朝下。左手臂微內旋。面向東南方向，眼平視前方。（圖42）

第十八式　迎面掌

　　重心右移，左腳腳尖微外展，重心移回左腿。右腳提起向右前方（東南方向）邁步蹬出，腳跟著地，腳尖上翹。左腿微屈，重心坐於左腿，左腿實右腿虛。同時左手微後移，

圖 43　　　　　　　　　　圖 44

左掌置於左耳左側偏前。右手左移置於小腹前方，掌心朝下，掌指朝左，成橫掌。面向東南方向，眼平視前方。（圖43）

左腿蹬直，重心前移，右腿前弓，右腳落平踏實，成右弓步。同時左掌經臉前向前方徐徐推出，掌指朝上，坐腕成豎掌。面向東南方向，眼平視前方。（圖44）

要求：步法不要過大，右掌好像按著物體的感覺。出腳的位置要準確，注意不要跟步。

第十九式　肘底看捶

重心後移，右腳以腳跟為軸，左腳以腳尖為軸，右腳腳尖盡量內扣，身體左轉180度，左腳腳尖外輾，面向西北方向。重心移於右腿，右腿微屈，左腳腳尖著地，成左虛步，右腿實左腿虛。同時右掌變拳，內旋由左肘下向前衝出成立

圖 45　　　　　　　　　　　圖 46

拳，拳面斜向前方。左掌不動，肘向下沉。面向西北。（圖
45）（圖 46 正面）

左腿提起收至右腳前方，腳尖點地，兩腿微屈，成左前點步，右腿實左腿虛。同時右拳變掌經左小臂外側上移至右前方，掌心朝左，左掌下移置於右掌下方，掌心朝右。面向西北，眼平視前方。（圖 47）

要求：身體轉動時左掌不要動，身體的轉動帶動左掌變換方向，右掌隨身體轉動衝出，全身合為一體。

圖 47

圖 48　　　　　　　　　圖 49

第二十式　倒攆猴

　　左腳提起向左前方（西北方向）邁步蹬出，腳跟著地，腳尖上翹，右腿微屈，重心坐於右腿，右腿實左腿虛。同時左、右掌微外撐。面向西北方向。（圖 48）

　　右腿蹬直，重心前移，左腿前弓，左腳落平踏實，成左弓步。同時左小臂微外旋，右手向前推出。面向西北方向。（圖 49）

　　重心前移，右腳提起跟至左腳右側，腳前掌著地，兩腿微屈，重心在左腿，左腿實右腿虛。同時兩掌隨跟步前移，位置不變。面向西北方向。（圖 50）

　　右腳提起經右向後向左腳後方落步，腳尖點地、落平。重心右移，左腳以腳跟為軸，腳尖盡量內扣，從右向後轉體

圖 50

圖 51

270 度，重心移回左腿，面
向西南。同時左手上移置於
左前方，掌指朝上。右手下
落於左掌下側，均成豎掌。
面向西南。（圖 51）

　　右腳提起向右前方（西
南方向）邁步蹬出，腳跟著
地，腳尖上翹，左腿微屈，
重心坐於左腿，左腿實右腿
虛。同時左、右掌微外撐。
面向西南方向。（圖 52）

　　左腿蹬直，重心前移，
右腿前弓，右腳落平踏實，

圖 52

圖 53　　　　　　　　　　　圖 54

成右弓步。同時右小臂微外旋，左手向前推出，面向西南方向。（圖 53）

重心前移，左腳提起跟至右腳左側，腳前掌著地，兩腿微屈，重心在右腿，右腿實左腿虛。同時兩掌隨跟步前移，位置不變。面向西南方向。（圖 54）

左腳提起經左向後向右腳後方落步，腳尖點地，落平。重心左移，右腳以腳跟為軸，腳尖盡量內扣，從左向後轉體270度，重心移回右腿，面向西北。同時右手上移置於右前方，掌指朝上，左手下落於右掌下側，均成豎掌。面向西北。（圖 55）

左腳提起向左前方（西北）邁步蹬出，腳跟著地，腳尖上翹，右腿微屈，重心坐於右腿，右腿實左腿虛。同時左、右掌微外撐。面向西北方向。（圖 56）

右腿蹬直，重心前移，左腿前弓，左腳落平踏實。成左

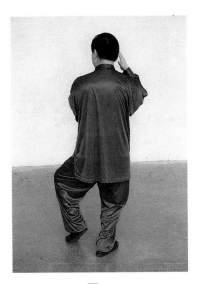

圖 55　　　　　　　　　圖 56

弓步。同時左小臂微外旋，右手向前推出。面向西北方向。
（圖 57）

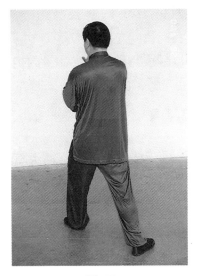

圖 57

圖 58　　　　　　　　　　圖 59

　　重心前移，右腳提起跟至左腳右側，腳前掌著地，兩腿微屈，重心在左腿，左腿實右腿虛。同時兩掌隨跟步前移，位置不變。面向西北方向。（圖 58）

　　右腳提起經右向後向左腳後方落步，腳尖點地，落平。重心右移，左腳以腳跟為軸，腳尖盡量內扣，從右向後轉體270 度，重心移回左腿，面向西南。同時左手上移置於左前方，掌指朝上，右手下落於左掌下側，均成豎掌。面向西上。（圖 59）

　　右腳提起向右前方（西南方向）邁步蹬出，腳跟著地，腳尖南翹，左腿微屈，重心坐於左腿，左腿實右腿虛。同時左、右掌微外撐。面向西南方向。（圖 60）

　　左腿蹬直，重心前移，右腿前弓，右腳落平踏實，成右弓步。同時右小臂微外旋，左手向前推出，面向西南方向。（圖 61）

圖 60

圖 61

重心前移，左腳提起跟至右腳左側，腳前掌著地，兩腿微屈，重心在右腿，右腿實左腿虛。同時兩掌隨跟步前移，位置不變。面向西南方向，眼平視前方。（圖62）

要求：倒攆猴分四個分式，方向是西北、西南、西北、西南接下式。一定要注意方向不要搞錯。主要意念在小臂上，注意拆疊轉換連接合順，掌握重心，不可起伏。

圖 62

圖 63　　　　　　　　　　　　圖 64

第二十一式　手揮琵琶

左腳提起向後撤一大步落實，重心移至左腿。右腿收至左腳右前方，腳尖著地，成右虛步，兩腿微屈，左腿實右腿虛。同時兩掌後移，仍成豎掌。面向西南方向，眼平視前方。（圖 63）

第二十二式　白鵝亮翅

右腳提起向右前方（西南方向）邁步蹬出，腳跟著地，腳尖上翹，重心坐於左腿，左腿微屈，左腿實右腿虛。同時左掌前移置於胸前，掌指朝上，坐腕成豎掌。右手上舉橫架於前額斜上方，掌心朝上斜向前，成橫掌。面向西南方向。（圖 64）

圖 65　　　　　　　　　　　圖 66

　　左腿蹬直，重心前移，右腿前弓，右腳落平踏實，成右弓步。同時左手隨身體前移向前徐徐推出，仍成豎掌。（圖65）

　　重心前移，左腳提起跟至右腳左側偏後，腳前掌著地，兩腿微屈，重心在右腿上，右腿實左腿虛。同時左掌隨身體前移而動，右掌坐腕。面向西南，眼平視前方。（圖66）

圖 67　　　　　　　圖 68

第二十三式　左摟膝拗步

與第七式左摟膝拗步相
同。（圖 67、68、69）

第二十四式　手揮琵琶

與第八式手揮琵琶相
同，惟方向不同。由東北改
為正東。（圖 70）

第二十五式　按　勢

接圖 70，下肢不動，
左掌經胸前向下向後摟出置
於左胯外側，掌心向後上

圖 69

圖 70　　　　　　　　　　圖 71

方，同時兩腿下蹲，上身前俯，右掌隨上身前俯下按，指尖
向前、力達掌緣。面向正東，眼平視前方。（圖71）

　　要求：兩掌的運動與下蹲要配合好，不可前衝，下蹲時
脊背仍要正直，兩臂微屈，不要低頭。

第二十六式　青龍出水

　　上身直起，左腳提起向左前方（正東方向）邁步蹬出，
腳跟著地，腳尖上翹，重心坐於右腿，右腿微屈，右腿實左
腿虛。同時，右手隨身體直起上舉橫架於前額斜上方，掌心
朝上偏前，成橫掌。左手從後向前畫弧上挑置於胸前，坐
腕，成豎掌。面向東方，眼平視前方。（圖72）

　　右腿蹬直，左腿前移，左腳落平踏實，成左弓步。同
時，左手隨身體前移向前推出。仍面向正東，眼平視前方。
（圖73）

圖 72　　　　　　　　　　　圖 73

　　要求：身體起立時，要掌握好尺度，注意尾閭中正，不偏不斜。

第二十七式　三甬臂

　　重心微後移，左、右腳均以腳跟為軸，右腳尖外擺，左腳尖裡扣，上身經右向後轉體 180 度。面向正西。左腳落平踏實，右腳腳跟著地，腳尖上翹，重心坐於左腿，左腿微屈，左腿實右腿虛。同時，右手隨轉體從額前下落置於胸前，坐腕，成豎掌，左手上舉橫架於額前斜上方，掌心向上偏前，成橫掌。面仍向正西，眼平視前方。（圖 74）

　　左腿蹬直，右腿前移，右腳落平踏實，成右弓步。同時，右掌隨身體前移向前推出。眼平視前方。（圖 75）

　　重心後移，右腳提起收至左腳右前方，腳尖點地，兩腿微屈，同時，右掌回收於胸前，左掌下落於臉前。隨勢右腳

圖 74　　　　　　　　　圖 75

提起繼續向左腳右後側撤一
大步落實，左腳提起收至右
腳左前方，腳尖點地，成前
點步。重心在右腿上，右腿
實左腿虛，兩腿均微屈。兩
掌隨身體後撤後移，左掌置
於臉前方，右掌置於右胸
前。仍面向正面，眼平視前
方。（圖76）

　　左腿提起向左前方（正
西方向）邁步蹬出，腳跟著
地，腳尖上翹，重心坐於右
腿，右腿微屈，右腿實左腿
虛。同時，左掌前移，成豎

圖 76

圖 77　　　　　　　　　圖 78

掌，右掌回收置於右胸前，坐腕，成豎掌。面向正西，眼平
視前方。（圖 77）

　　右腿蹬直，左腿前移，左腳落平踏實，成左弓步。同
時，左、右掌外撐並有前推之意。眼平視前方。（圖 78）

　　重心前移，右腳提起跟至左腳右側，腳前掌著地。兩腿
微屈。隨勢右腳提起繼續向前（正西方向）邁步蹬出，腳跟
著地，腳尖上翹，重心坐於左腿，左腿微屈，左腿實右腿
虛。同時，右掌隨跟步前推，隨上步繼續前推，左掌收回左
胸前，坐腕，成豎掌。仍面向正西，眼平視前方。（圖
79、80）

　　左腿蹬直，右腿前移，右腳落平踏實，成右弓步，同
時，左掌隨身體外撐，並有前推之意。眼平視前方。（圖
81）

　　重心前移，左腳提起跟至右腳左側，腳前掌著地，兩腿

圖 79

圖 80

圖 81

圖 82

微屈。同時，左掌向前徐徐推出。仍面向正面，眼平視前方。（圖82）

圖 83　　　　　　　　　　圖 84

　　要求：在撤步時，腿先動，臀部不可突出，虛實轉換要分明。上身不要前衝，保持立身中正。撐掌要有前推之意，外形基本不動，完全是內動支配外形。前後銜接好。跟步、邁步及身體的拆疊轉換不要有起伏。

第二十八式　單　鞭

　　與第十六式單鞭相同。（圖 83、84）

第二十九式　雲　手

　　接圖 84，重心右移，左腳提起收至右腳左側，腳前掌著地，右腿微屈，右腿實左腿虛。同時，左掌隨收腿向下經腹前畫一立圓上舉置於臉前，坐腕，掌心朝右。右掌下落於腹前，掌心朝上，成托掌。眼向西南方平視。（圖 85）

圖 85

圖 86

左腳提起向左（正東方向）出步，腳跟著地，腳尖上翹，右腿微屈，重心在右腿上，右腿實左腿虛。同時，身體微左轉面向正南。眼向正南方平視。（圖86）

右腿蹬直，左腿前移，左腳落平踏實，成左弓步，同時，身體以腰為軸，向左轉體，左掌外撐，右掌上托，左掌隨轉腰微動，成豎掌，面向正東。眼向正東方向平視。（圖87）

圖 87

圖 88　　　　　　　　圖 89

　　下肢不動，右掌由腹前變豎掌上舉置於臉前，掌心朝左，坐腕。右掌經左臂外側下落置於腹前，掌心朝上，成托掌。眼仍平視正東前方。（圖 88）

　　重心前移，左腳以腳跟為軸，右腳以腳尖為軸，左腳裡扣，上身以腰為軸由左向右轉體 180 度。左腿微屈，左腳踏實，右腳腳前掌著地，左腿實右腿虛。同時，右掌外撐，左掌上托，右掌隨轉身微動，成豎掌。面向正西，眼向正西方向平視。（圖 89）

　　右腳回收於左腳前方，腳尖點地再落平踏實，接著再以腳跟為軸，腳尖裡扣，身體左轉 90 度，面向正南。隨勢左腳提起向右（正東方向）出步，腳跟著地，腳尖上翹，右腿微屈，重心在右腿上，右腿實左腿虛。同時，在轉身時左掌經腹前成豎掌上舉置於臉前，掌心朝右，坐腕。右掌下落置

圖 90　　　　　　　　圖 91

於腹前，掌心朝上，成托掌。眼向正南方向平視。（圖 90、91）。

　右腿蹬直，左腿前移，左腳落平踏實，成左弓步，同時，身體以腰為軸，向左轉體，左掌外撐，右掌上托，左掌隨轉腰轉動 90度，成豎掌。面向正東，眼向正東方向平視。（圖92）

　下肢不動，右掌由腹前變豎掌上舉置於臉前，掌心

圖 92

圖 93　　　　　　　　圖 94

朝左，坐腕。左掌經右臂外側下落置於腹前，掌心朝上，成托掌。眼仍平視正東前方。（圖93）

重心前移，左腳以腳跟為軸，右腳以腳尖為軸，左腳裡扣，上身以腰為軸，由左向右轉體180度。左腿微屈，左腳踏實，右腳腳前掌著地，左腿實右腿虛。同時，右掌外撐，左掌上托，右掌隨轉身微動，成豎掌。面向正西，眼向正西方向平視。（圖94）

右腳回收於左腳前方，腳尖點地，再落平踏實，再以腳跟為軸，腳尖裡扣，身體左轉90度，面向正南。隨勢左腳提起向左（正東方向）出步，腳跟著地，腳尖上翹，右腿微屈，重心在右腿上，右腿實左腿虛。同時，左掌經腹前成豎掌上舉置於臉前，掌心朝右，坐腕，右掌下落置於腹前，掌心朝上，成托掌。眼向正南方平視。（圖95、96）

右腿蹬直，左腿前移，左腳落平踏實，成左引步。同

圖 95

圖 96

圖 97

時，身體以腰為軸，向左轉體 90 度，成豎掌。面向正東，
眼向正東方向平視。（圖 97）

圖 98　　　　　　　　圖 99

　　下肢不動，右掌由腹前變豎掌上舉置於臉前，掌心朝左，坐腕。左掌經右臂外側下落置於腹前，掌心朝上，成托掌。眼仍平視正東前方。（圖 98）

　　重心前移，左腳以腳跟為軸，右腳以腳尖為軸，左腳裡扣，上身以腰為軸由左向右轉體 180 度。左腿微屈，左腳踏實，右腳腳前掌著地，左腿實右腿虛。同時，右掌外撐，左掌上托，右掌隨轉身微動，成豎掌。面向正南方向，眼向正西方向平視。（圖 99）

　　要求：雲手時，左、右轉體以腰為軸，用腰帶動四肢。兩掌不可亂畫，始終保持身體中正，百會穴與會陰穴成一直線。頭要正，要鬆肩沉肘，暢胸拔背，提頂吊襠。要注意以意引導動作，上手如帶人旋轉，下手如托重物。

圖 100　　　　　　　　　圖 101

第三十式　單　鞭

　　右腳提起回收於左腳前方，腳尖點地，再落平踏實，接著再以腳跟為軸，腳尖裡扣身體左轉 90 度，面向正南。兩腿微屈，重心在左腿上，左腿實右腿虛。隨勢左腳提起向左（正東方向）出步，腳跟著地，腳尖上翹，重心在右腿上，右腿微屈，右腿實左腿虛。同時，左手上舉置於臉前，兩掌同高，出步時兩掌微外分，兩肘下沉。眼平視正南前方。（圖 100）。

　　右腿蹬直，身體以腰為軸向左轉體，左腿前移，左腳落平踏實，成左弓步。同時右掌向後分出，坐腕，成立掌，掌心朝南，與肩同高。左掌隨腰的轉動在左胸前方成豎掌，掌心朝右，與眉同高。眼向東偏南平視。（圖 101）

圖 102　　　　　　　　　　圖 103

第三十一式　左高探馬

重心左移，右腳提起跟至左腳右側，腳前掌著地，重心右移，左腳尖微外展，重心移回左腿，右腳提起向左前方（東南方向）邁步蹬出，腳跟著地，腳尖上翹。左腿微屈，重心坐於左腿，左腿實右腿虛。同時，左掌後移置於左耳外側，掌心朝裡。右掌由後經下置於小腹前上方，掌心朝上，掌指朝左，成托掌，坐腕。面向東南方向，眼平視前方。（圖 102）

左腿蹬直，右腿前移，右腳落平踏實，成右弓步。同時，左掌經臉前方徐徐推出，坐腕，成豎掌，高與口齊。仍面向東南方向，眼平視前方。（圖 103）

要求：右掌前托時是在右腳跟步、出腿的同時進行，要求手腳相隨，協調一致。

圖 104　　　　　　　　圖 105

第三十二式　右高探馬

　　重心前移，左腳提起跟至右腳左側、腳尖點地。重心左移，右腳腳尖微內扣，重心移回右腿。左腳提起向左前方（東北方向）邁步蹬出，腳跟著地，腳尖上翹。右腿微屈，重心坐於右腿，右腿實左腿虛。同時，右掌上舉置於右耳外側，左手下落置於小腹前上方，掌心朝上，掌心朝右，成托掌，坐腕。面向東北方向，眼平視前方。（圖 104、105）

圖 106

圖 107

　　右腿蹬直，左腿前移，左腳落平踏實，成左弓步。同時，右掌經臉前方徐徐推出，坐腕，成豎掌，高與口齊。面仍向東北方向，眼平視前方。（圖 106）

第三十三式　右起腳

　　重心前移，右腳提起跟至左腳右側，腳前掌著地，重心右移，左腳腳尖微裡扣，重心移回左腿，右腿抬起，腳尖向右（東南方向）踢出，高與膝平。同時，左掌上舉，成豎掌，左、右掌向前、後微分。面向東南方面，眼平視前方。（圖 107、108）

　　要求：起腿是大腿帶起小腿。

圖 108　　　　　　　　圖 109

第三十四式　左起腳

右腳向左腳後方落步踏實，身體左轉面向東北，重心全部落於右腿，右腿微屈，左腿抬起，左腳尖向左（東北方向）踢出，高與膝平。同時，兩掌回收，起腿踢腳的同時向前、後微分。面向東北方向，眼平視前方。（圖109）

要求：起腿踢腳時保持身體的平衡，立身要求中正不偏。

第三十五式　轉身踢一腳

左腳向右腳後方落步踏實，重心左移，右腳腳尖裡扣，重心移回左腿，面向正西，重心全部落於右腿，左腳腳尖點地，左腿抬起，左腳腳尖向前（正西方向）踢出，高與膝

圖 110　　　　　　　　圖 111

平。同時，兩掌回收於胸前，左掌在上，右掌在下，坐腕，均成豎掌。面向正西方向，眼平視前方。（圖110、111）

　　要求：起腿踢出時，支撐腿伸直。

第三十六式　踐步栽捶

　　左腳向前方（正西方向）落步，重心前移，右腳提起向左腳墊步，左腳繼續向前邁步落實，重心移至左腿，右腿蹬直，在墊步時兩掌不動，當左腳落實時隨左腿弓、右腿蹬，左掌向下向後摟出，掌心朝上。右掌變拳向下向左腳右前側栽出，拳心朝右。眼平視斜下方。（圖112）

　　要求：墊步時步法要輕、靈，兩腿不斷變換虛實。上身前俯時與拳配合一致，整個動作不能停頓，一氣呵成。

圖 112　　　　　　　　　圖 113

第三十七式　翻身二起

　　左、右腳均以腳跟為軸，左腳尖裡扣落實，右腳尖外擺，身體右轉 180 度，面向正東，右腳腳跟著地，腳尖上翹，左腿微屈，左腿實右腿虛。同時，左掌變拳，兩手均握拳，隨轉身右拳上舉橫架於前額斜上方，拳心朝下，左拳置於小腹前上方，拳心朝下。面向正東方向，眼平視前方。（圖 113）

圖 114　　　　　　　　圖 115

右腳提起向前墊一小步踏實起跳，重心移於右腿，左腿抬舉，右腿隨勢抬起，右腳腳面繃平，兩腳騰空。同時，右掌在空中拍擊右腳腳面。面向正東方向，眼平視前方。（圖114）

要求：右腳踏地要有力，兩腳騰空時，右手拍擊腳面要響。在空中仍要保持中正的身體，不可彎腰駝背，兩手不可亂擺。

第三十八式　披　身

左腳下落踏實，隨勢右腳下落，右腳從左腳前向後蓋步，左腳抬起，兩腳騰空。接著右腳先落地，隨後左腳在右腳後方落地，兩腿彎曲。兩掌由上向下按出。眼向東北方向平視。（圖115）

要求：右腳蓋步時，兩腿騰起，左、右腳依次落步，落

圖 116

步要穩、要準。

第三十九式 左伏虎

重心移於左腿，左腿微屈，左腿實右腿虛。同時兩掌變拳向懷中摟來，左掌在上置於左胸前，右拳在下置於小腹前上方，兩拳拳心相對。眼仍向東北方向平視。（圖 116）

要求：拳不要握得過緊，伏虎時兩拳不要緊挨身體，間隔 10 公分左右。

第四十式 右伏虎

右腳提起向左腳後撤一大步，踏平落實，左腳跟移回右腳前左方，腳尖點地，成前點步，右腿實左腿虛，兩腿微屈、兩拳經體前由左向右畫弧，右拳由下向上置於額前下方，拳心朝下，左拳由上向下置於小腹前方。面向正東，眼

圖 117　　　　　　　　圖 118

平視前方。（圖 117）

　　要求：手腳的配合，步法是關鍵。步要穩，不可隨意挪動。

第四十一式　踢一腳

　　右拳下落，左拳上移，兩拳變掌，左掌在上，掌心朝右，成豎掌，右掌在下置於左掌後下方。腳步不變。眼仍平視前方。（圖 118）

　　重心全部移於右腿，左腿提起，左腳面向前踢出，與膝同高。同時兩掌外撐。面向正東方向，眼平視前方。（圖 119）

　　要求：踢腿時要穩定重心，掌握好平衡，思想集中。

圖 119　　　　　　　　　圖 120

第四十二式　轉身蹬一根

左腳經右腳右側向後蓋步落實，右腳以腳為軸，左腳以腳尖為軸，身體經右轉體 360 度，仍面向正東方。隨勢右腳提起向前蹬出，高與膝平。同時，兩掌交換，右掌在上，左掌在下，均為豎掌。眼平視前方。（圖 120）

要求：左腳向後落步要到位，不然會影響轉體的穩定。要保持身體中正，臀部不可外突。

第四十三式　上步搬攔捶

右腳向右前方（正東方向）落步踏實，腳尖外展，重心前移。同時，右掌變拳外翻下落，拳心朝裡偏上，左掌前推。面向正東，眼平視前方。（圖 121）

圖 121　　　　　　　　　圖 122

　　重心前移，左腳提起向左前方邁步蹬出，腳跟著地，腳
尖上翹。右腿微屈，右腿實左腿虛。同時，左掌下按，坐
腕，仍成豎掌。眼平視前方。（圖 122）

　　右腿蹬直，左腿前移，左腳落平踏實，成左弓步，同
時，右拳內旋經左掌腕上向前衝出，拳心朝下。仍面向正
東，眼平視前方。（圖 123）

第四十四式　六封四閉

　　與第十二式六封四閉相同。（圖 124、125、126、127、
128）

圖 123

圖 124

圖 125

圖 126

圖 127　　　　　　　　　圖 128

第四十五式　抱虎推山

與第十三式抱虎推山相同。（圖 129、130、131、132）

第四十六式　手揮琵琶

與第十四式手揮琵琶相同。（圖 133）

第四十七式　右懶扎衣

與第十五式右懶扎衣相同。（圖 134、135、136）

圖 129

圖 130

圖 131

圖 132

圖 133

圖 134

圖 135

圖 136

圖 137　　　　　　　　　圖 138

第四十八式　斜單鞭

接圖 136，重心左移，右腳以腳跟為軸腳尖裡扣，重心移回右腿，左腳提起向左（東南）方向邁步蹬出，腳跟著地，腳尖上翹，右腿微屈，右腿實左腿虛。同時，兩掌微外分。面向西南方向，眼平視前方。（圖 137）

右腿蹬直，身體以腰為軸向左轉體，左腿前移，左腳落平踏實，成左弓步。同時右掌向後分出，坐腕，成立掌，掌心朝西南，與肩同高，左掌隨腰的轉動向右前方，成豎掌，掌心朝右，高與眉齊。眼向東南方向平視。（圖 138）

圖 139

圖 140

第四十九式　野馬分鬃

　　重心移於右腿，身體右轉，左腳提起收至右腳左側，腳
前掌著地。右腳以腳前掌為軸向左微擺，面向西偏西北。兩
腿微屈，右腿實左腿虛。同時，左掌隨收腿向下經腹前畫一
立圓上舉置於臉前，坐腕，掌心朝右。右掌下落於腹前，掌
心朝上，成托掌。眼向西偏西北方向平視。（圖 139）

　　左腳提起向左（西南方向）邁步蹬出，腳跟著地，腳尖
上翹，重心坐於右腿，右腿實左腿虛，右腿微屈。兩掌微
動。眼仍向西偏西北方向平視。（圖 140）

　　右腿蹬直，左腿前移，左腳落平踏實，成左弓步。同
時，身體以腰為軸，向左轉體，面向西南。左掌隨身體轉動
外撐，右掌上托。面向西南方向。（圖 141）

　　重心前移，右腳提起，跟至左腳右側，腳前掌著地，兩

圖 141

圖 142

腿微屈，重心在左腿上，左
腿實右腿虛。同時，右掌上
舉置於臉前，成豎掌，掌心
朝左，左掌經右臂外側下落
於腹前，掌心朝上，掌指朝
右，成托掌。面向正西方
向，眼平視前方。（圖
142）

右腳提起向左（西北方
向）邁步蹬出，腳跟著地，
腳尖上翹，重心坐於左腿，
左腿實右腿虛，左腿微屈。
兩掌微動。眼仍向正西方向
平視。（圖143）

圖 143

圖144   圖145

左腿蹬直，右腿前移，右腳落平踏實，成右弓步。同時，隨身體轉動右掌外撐，左掌上托。眼向西北方向平視，（圖144）

重心前移，左腳提起跟至右腳左側，腳尖點地，重心在右腳上，右腿實左腿虛。兩腿微屈。同時，左掌上舉置於臉前，掌心朝右，成豎掌。右掌經左小臂外側下落於腹前，掌心朝上，成托掌，掌指朝左。面向西偏西北方向，眼平視前方。（圖145）

左腳提起向左（西南）方向邁步蹬出，腳跟著地，腳尖上翹，重心坐於右腿，右腿實左腿虛，右腿微屈。兩掌微動。眼仍向西偏西北方向平視。（圖146）

右腿蹬直，左腿前移，左腳落平踏實，成左弓步。同時，身體以腰為軸，向左轉體，面向西南。左掌隨身體轉動

圖 146

圖 147

外撐，右掌上托。眼向西南
方向平視。（圖147）

　　重心前移，右腳提起跟
至左腳右側，腳前掌著地，
兩腿微屈，重心在左腿上，
左腿實右腿虛。同時，右掌
上舉置於臉前，成豎掌，掌
心朝左，左掌經右掌外側下
落於腹前，掌心朝上，掌指
朝右，成托掌。面向正西方
向，眼平視前方。（圖
148）

圖 148

圖 149   圖 150

　　右腳提起向右（西北方向）邁步蹬出，腳跟著地，腳尖
上翹，重心坐於左腿，左腿實右腿虛，左腿微屈。兩掌微
動。眼仍向正西方向平視。（圖 149）

　　左腿蹬直，右腿前移，右腳落平踏實，成右弓步，同
時，隨身體轉動右掌外撐，左掌上托。眼向西北方向平視。
（圖 150）

　　重心前移，左腳提起跟至右腳左側，腳前掌著地。兩腿
微屈，重心在右腿上，右腿實左腿虛。同時，左掌外旋上舉
至臉前，兩掌同高。眼平視正西方向。（圖 151）

　　注意：向西南、西北、西南、西北方向動作，要求折疊
轉換不要起伏。上肢完全是用腰帶動外轉，周身一家協調一
致，尾閭中正，虛實分清。

圖 151

圖 152

第五十式　單　鞭

與第十六式單鞭相同。
（圖 152、153）

第五十一式　玉女穿梭

接圖 153，重心右移，
左腳提起收至右腳左側，腳
前掌著地，右腳以腳前掌為
軸，向右微轉，隨勢左腳提
起向左前方（西南方向）邁
步蹬出，腳跟著地，腳尖上
翹。右腿微屈，重心坐於右

圖 153

圖 154   圖 155

腿，右腿實左腿虛。同時，左掌隨身體轉動由上向下經腹前
向上經右小臂外側上舉橫架於前額斜上方，掌心朝上偏前，
成橫掌，右掌右移置於胸前。面向西南方向，眼平視前方。
（圖 154）

　　右腿蹬直，左腿前移，左腳落平踏實，成左弓步。同
時，右掌隨弓步向前徐徐推出，坐腕，成豎掌。左掌微坐
腕。眼仍平視西南方向。（圖 155）

　　重心前移，右腳提起跟至左腳右側，腳前掌著地，兩腿
微屈。同時，右掌有前推之意。眼仍平視西南方向。（圖
156）

　　右腳提起向左腳後（東南方向）落步，腳尖點地。左腳
以腳跟為軸，右腳以腳尖為軸，左腳裡扣，經右向後轉體
270度，面向東南。隨勢右腳提起向右前方（東南方向）邁
步蹬出，腳跟著地，腳尖上翹。左腿微屈，重心坐於左腿，

圖 156　　　　　　　　圖 157

左腿實右腿虛。同時，左掌下落置於胸前，成豎掌，掌心朝右。右掌經左小臂外側上舉橫架於前額斜上方，掌心朝上偏前，成橫掌。面向東南方向，眼平視前方。（圖157）

左腿蹬直，右腿前移，右腳落平踏實，成右弓步。同時，左掌隨弓步向前徐徐推出，坐腕，成豎掌。右掌微坐腕。眼仍平視東南方向。（圖158）

重心前移，左腳提起跟至右腳左側，腳前掌著地，兩腿微屈。同時，左掌有前

圖 158

圖 159 圖 160

推之意。眼仍平視東南方向。（圖 159）

　　重心左移，右腳尖微扣，重心移回右腿，左腿提起向左（東北方向）邁步蹬出，腳跟著地，腳尖上翹，右腿微屈，重心坐於右腿，右腿實左腿虛。同時，右掌下落置於胸前，坐腕，成豎掌，掌心朝左，左掌經右小臂外側上舉橫架於前額斜上方，掌心朝上偏前，成橫掌。面向東北方向，眼平視前方。（圖 160）

　　右腿蹬直，左腿前移，左腳落平踏實，成左弓步。同時，右掌隨弓步向前徐徐推出，坐腕，成豎掌。左掌微坐腕。眼仍平視東北方向。（圖 161）

　　重心前移，右腳提起跟至左腳右側，腳前掌著地，兩腿微屈，左腿實右腿虛。同時，右掌有前推之意。眼仍平視東北方向。（圖 162）

　　右腳提起向左腳後（西北方向）落步，腳尖點地，左腳

圖 161　　　　　　　　　圖 162

以腳跟為軸，右腳以腳尖為軸，左腳裡扣，經右向後轉體
270 度，面向西北。隨勢右腳提起向右（西北方向）邁步蹬
出，腳跟著地，腳尖上翹。
左腿微屈，重心坐於左腿，
左腿實右腿虛。同時，左掌
下落置於胸前，成豎掌，掌
心朝右。右掌經左小臂外側
上舉橫架於前額斜上方，掌
心朝上偏前，成橫掌。面向
西北方向，眼平視前方。
（圖 163）

　　左腿蹬直，右腿前移，
右腳落平踏實，成右弓步。
同時，左掌隨弓步向前徐徐

圖 163

圖 164　　　　　　　　圖 165

推出，坐腕，成豎掌。左掌微坐腕。眼仍平視西北方向。
（圖 164）

重心前移，左腳提起跟至右腳左側，腳前掌著地，兩腿
微屈，右腿實左腿虛。同時，左掌有前推之意。眼仍平視西
北方向。（圖 165）

要求：玉女穿梭走西南、東南、東北、西北四個角，要
求轉身出步協調一致，穩住重心，不可左偏右歪。

第五十二式　手揮琵琶

左腳提起向後撤一大步落實，身體微左轉，面向正西方
向。隨勢右腳收至左腳右前方，腳尖點地，兩腿微屈，左腿
實右腿虛。同時，左掌後移下落，右掌下落於臉前，均成豎
掌，右掌在上，左掌在下，坐腕。面對正西，眼平視前方。
（圖 166）

圖 166　　　　　　　圖 167

第五十三式　右懶扎衣

與十五式右懶扎衣相同。（圖 167、168、169）

第五十四式　單　鞭

與第十六式單鞭相同。（170、171）

第五十五式　雲　手

與第二十九式雲手相同。（圖 172、173、174、175、176、177、178、179、180、181、182、183、184、185、186）

第五十六式　單　鞭

與第三十式單鞭相同。（圖 187、188）

圖 168　　　　　　　圖 169

圖 170　　　　　　　圖 171

圖 172

圖 173

圖 174

圖 175

圖 176

圖 177

圖 178

圖 179

圖 180

圖 181

圖 182

圖 183

圖184

圖185

圖186

圖187

圖 188　　　　　　　　　　圖 189

第五十七式　下　勢

接圖 188。重心後移，身體左轉，左腳腳尖上翹，腳跟
著地，重心坐於右腿，右腿微屈，右腿實左腿虛。同時，右
掌經耳側向前徐徐推出，左掌下落於左膝上方。面向正東，
眼平視前方。（圖 189）

注意：身體後移與推掌要同時進行，不能有先後。臀部
不可突出。

圖 190　　　　　　　　圖 191

第五十八式　左更雞獨立

右腿蹬直，身體前移，重心全部移於左腿，順勢右腿抬起小腿彎曲 90 度懸於身前，膝與胯平，大腿成水平，成獨立式，右腳自然下垂。同時，右掌經耳側向上托起。面向正東方向，眼平視前方。（圖 190）

注意：提膝獨立要掌握好平衡，支撐腿蹬直。

第五十九式　右更雞獨立

右腿下落，右腳落於左腳右後方踏實，重心全部移於右腿，左腿抬起小腿彎曲 90 度懸於身前，膝與胯平，大腿成水平，成獨立式，左腳自然下垂。同時，左掌上舉向上托起，右掌下落置於右胯上方。面向正東，眼平視前方。（圖 191）

 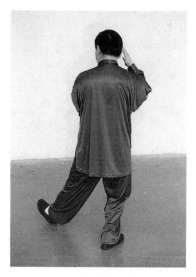

圖 192　　　　　　　　　圖 193

　左腿下落，左腳落於右腳左後側踏實，重心左移，右腳以腳跟為軸，腳尖裡扣，身體左轉，面向西北方向。重心移回右腿，左腳腳跟抬起，腳尖著地。右腿實左腿虛，兩腿微屈。同時，右掌上舉，左掌下落，均成豎掌，右掌在上，左掌在下。眼向西北方向平視。（圖 192）

第六十式　倒攆猴

　與第二十式倒攆猴相同。（圖 193、194、195、196、197、198、199、200、201、202、203、204、205、206、207）

第六十一式　手揮琵琶

　與第二十一式手揮琵琶相同。（圖 208）

圖 194

圖 195

圖 196

圖 197

圖 198

圖 199

圖 200

圖 201

圖 202

圖 203

圖 204

圖 205

圖 206

圖 207

圖 208

圖 209　　　　　　　　　　　圖 210

第六十二式　白鵝亮翅

與第二十二式白鵝亮翅相同。（圖 209、210、211）

第六十三式　左摟膝拗步

與第七式左摟膝拗步相同。（圖 212、213、214）

圖 211

圖 212

圖 213

圖 214

圖 215　　　　　　　　　圖 216

第六十四式　手揮琵琶

與第二十四式手揮琵琶相同。（圖 215）

第六十五式　按　勢

與第二十五式按式相同。（圖 216）

第六十六式　青龍出水

與第二十六式青龍出水相同。（217、218）

第六十七式　三甬臂

與第二十七式三甬臂相同。（圖 219、220、221、222、223、224、225、226、227）

圖 217

圖 218

圖 219

圖 220

圖 221

圖 222

圖 223

圖 224

圖 225

圖 226

圖 227

圖 228　　　　　　　　圖 229

第六十八式　單　鞭

與第十六式單鞭相同。（圖 228、229）

第六十九式　雲　手

與第二十九式雲手相同。（圖 230、231、232、233、234、235、236、237、238、239、240、241、242、243、244）

第七十式　單　鞭

與第三十式單鞭相同。（圖 245、246）

圖 230

圖 231

圖 232

圖 233

圖 234

圖 235

圖 236

圖 237

圖 238

圖 239

圖 240

圖 241

圖 242

圖 243

圖 244

圖 245

圖 246   圖 247

第七十一式 提手上勢

與第五式提手上勢相同。（圖 247）

第七十二式 高探馬

接圖 247。左腳微左轉，右腳提起向左前（東南方向）邁步蹬出，腳跟著地，腳尖上翹，左腿微屈，左腿實右腿虛。同時左掌後移置於左耳外側，右掌右移翻掌置於小腹前方，掌心朝上，掌指朝左。面向東南方向，眼平視前方。（圖 248）

左腿蹬直，右腿前移，左腳落平踏實，成右弓步。同時左掌隨弓步向前徐徐推出，坐腕，成豎掌。眼平視東南方向。（圖 249）

圖 248　　　　　　　　　圖 249

第七十三式　對心掌

重心前移，左腳提起跟至右腳左側，隨勢向前（正東）方向邁步蹬出，腳跟著地，腳尖上翹，重心坐於右腿，右腿微屈，右腿實左腿虛。同時，左掌上移上舉橫架於前額斜上方，掌心朝上偏前，右掌上舉置於胸前，成豎掌，坐腕，掌心朝左。面向正東，眼平視前方。（圖 250、251）

右腿蹬直，身體前移，左腳落平踏實，成左弓步，同時，右掌向前徐徐推出。眼仍平視正南方向。（圖 252）

重心前移，右腳提起跟至左腳右側，腳前掌著地，兩腿微屈，重心在左腿，左腿實右腿虛。同時右掌有前推之意。（圖 253）

圖 250

圖 251

圖 252

圖 253

圖 254　　　　　　　　圖 255

第七十四式　十字擺蓮

　　右腳提起，向左腳後落步，重心右移，左腳以腳跟為軸，左腳裡扣，身體右轉，面向正西方向，重心移回左腿，右腿從左向右帶動右腳，腳面繃平，經胸前向右擺。同時，兩掌下落在臉前分左、右掌斜拍擊腳面。兩眼隨右腿擺動平視前方。（圖 254、255）

　　要求：轉身要氣勢騰挪，十字擺蓮動作要連貫、協調，技擊腳面要有力響亮，不可低頭貓腰，兩眼要平視，轉體要到位、腳面要繃平。

第七十五式　指襠捶

　　右腳落步踏實，重心前移，左腳向左前方（正西方向）邁步蹬出，腳跟著地，腳尖上翹，重心坐於右腿上，右腿微

圖 256　　　　　　　　　圖 257

屈，右腿實左腿虛，右掌變拳外翻置於右小腹上方，拳心朝上，左掌下按。眼平視正西前方。（圖 256、257）

　　右腿蹬直，左腿前移，左腳落平踏實，成左弓步。同時，左掌下按置於左胯外前側，掌心朝下，掌指朝前。右拳向右下方內旋衝出，拳心朝左，拳面朝前。面向正東方向，眼向右前斜下方平視。（圖 258）

　　要求：左腿前弓與衝拳同時進行，手與足的動作要協調、柔和、均勻。

圖 258

圖 259   圖 260

第七十六式　右懶扎衣

　　重心前移，右腳提起跟至左腳右側，腳前掌著地。同時，兩掌上舉，右掌在前在上，左掌在後在下，面向正西方向。隨勢左腳提起向前邁步蹬出，腳跟著地，腳尖上翹，重心坐於左腿，左腿微屈，左腿實右腿虛。眼平視正西前方。（圖 259、260）

圖 261　　　　　　　　　　圖 262

　　左腿蹬直，右腿前移，右腳落平踏實，成右弓步。同時，兩掌外撐。眼仍平視正西方向。（圖 261）

　　重心前移，左腳跟至右腳左側，腳前掌著地，兩腿微屈，重心仍在右腿上，右腿實左腿虛。同時，左掌隨跟步向前徐徐推出，兩掌同高。眼仍平視正西方向。（圖 262）

圖 263   圖 264

第七十七式　單　鞭

與第十六式單鞭相同。（圖 263、264）

第七十八式　下　勢

與第五十七式下勢相同。（265）

第七十九式　上步七星

接圖 265，重心前移，左腿前移，左腳落平踏實，成左弓步。隨勢重心前移，右腳提起跟至左腳右外側，腳前掌著地，重心仍在左腿，兩腿微屈。同時，左掌上舉置於胸前，成豎掌，右掌後移，從左掌下向前徐徐推出，成豎掌，坐腕。面向正東，眼平視前方。（圖 266）

要求：兩手要協調配合，兩肩不可前伸，尾閭中正，身

圖 265

圖 266

體不可前俯後仰。

第八十式 退步跨虎

　　右腳提起向後撤一大步
落實，重心後移，左腳提起
收回右腳左前方，腳尖點
地，右腿實左腿虛，兩腿微
屈。同時，兩掌變拳，右拳
由前向下經體右側向上舉起
置於臉前上方，拳心朝前偏
下，左拳下落置於腹部前
方，拳心朝下。仍面向正
東，眼平視前方。（圖
267）

圖 267

圖 268

圖 269

要求：右拳上舉時不要隨拳晃動，保持身體穩定。

第八十一式　轉身擺蓮

左腳提起經右向右腳後方落步，兩腳以腳前掌為軸，從右向後轉體 270 度，面向正北。兩拳不動，兩腿微屈。眼向正北方向平視。（圖 268）（圖 269 正面）

重心移於左腿，右腿提起從左向右經體前向右擺動，腳面伸直。兩拳變掌分左、右拍擊腳面。眼隨右腿擺動而平視前方。（圖 270）

要求：擺腿時不可低頭貓腰，拍擊腳面要用手掌擊拍。支撐要穩。

第八十二式　彎弓射虎

右腳落地，逐漸踏實，重心右移，右腿弓，左腿繃，上

圖 270

圖 271

身微左轉。兩掌變拳，左拳向前橫出，拳心朝裡，右拳向後拉回，置於右耳外側，拳心向裡偏下方。面對正北，眼平視前方。（圖271）（圖272正面）

要求：落腿上步同拉弓同時進行，不可有先有後。弓步完成的同時，兩拳也應做到位。

第八十三式　雙抱捶

重心移於左腿，身體右轉，面向正東，右腳腳尖抬

圖 272

圖 273   圖 274

起。兩拳收至胸前，兩拳心朝裡。重心前移，右腳落平踏實，左腳提起跟至右腳左側，重心左移，右腳微右轉，重心移回右腿，左腳提起向左前方（正東方向）邁步蹬出，腳跟著地，腳尖上翹。右腿微屈，重心坐於右腿，右腿實左腿虛。同時，兩拳由胸前向前向上回收再向前下方按出。拳心向前下方。面仍向正東，眼平視前方。（圖 273、274）

右腿蹬直，左腿前移，左腳落平踏實，成左弓步，同時，兩拳外撐前推。面向正東，眼平視前方。（圖 275）

重心前移，右腳提起跟至左腳右側，腳前掌著地，左腿實右腿虛。兩腿微屈。同時，右拳上舉，左拳下落。眼仍平視正東方向。（圖 276）

要求：兩拳要注意協調，上下相隨，尾閭中正，虛領頂勁。

圖 275 圖 276

第八十四式　手揮琵琶

　　右腳提起向後撤一大步落實，重心後移，左腳收回右腳左前方，腳尖點地，兩腿微屈，重心在右腿上，右腿實左腿虛。兩拳變掌，左掌在前在上，右拳在後在下，均成豎掌，坐腕。眼仍平視正東方向。（圖 277）

第八十五式　收　式

　　左腳落平踏實，重心左移，右腳提起向左腳後側方

圖 277

圖 278

圖 279

落平踏實，身體右轉，重心
移於右腿，左腳腳尖抬起，
以腳跟為軸右轉。面向東南
方向。隨勢左腳收回，面向
正南。同時，兩掌落於左、
右胯外側，坐腕與肩同寬，
手指朝前，隨勢重心右移，
左腳收回右腳左側，兩掌自
然下垂，併步。眼平視正南
方向。（圖 278、279、
280）

　　要求：收式時，精神仍
要提起，要求與預備式相
同。

圖 280

第三章
武式太極拳應用

一、武式太極拳推手

　　武式太極拳推手是在走順拳架的基礎上，兩人運用上肢的沾黏連隨，由皮肉的觸覺採用各種技術，你進我退，我退你進，來來往往不丟不頂，隨屈就伸，引進落空，避實就虛，以輕制重，配合步法，得機得勢，使對方失去平衡，順勢借力把對方發放出去的運動。也是一種鬥智慧、鬥技巧、鬥意志的活動。訓練人們的靈敏度和反應能力，達到知己知彼，人不知我，我獨知人的上乘功夫。

　　走架即是推手，推手也是走架，兩者有著密切的關係。加強拳架的練習，是提升推手技藝的基礎，平時練習拳架，就要當做正在與人推手。無人當做有人，整套拳架好似在和對手較技。推手時，就是正在練習拳架，有人無當人。藉由推手的練習，是進一步檢驗拳架中的勁力、姿勢是否正確的試金石。

　　武式太極拳推手重接勁打勁，不重招數外形，其傳統形勢只有三步半活動推手一種，現在發展為二步半活動推手。太極拳論講：「由著熟而漸悟懂勁，由懂勁而階及神明。」就是說練習推手應從點滴做起，循序漸進，先把各種招式、

拳架做正確，打好基礎，才能進一步提升。首先，從兩個人你進我退，我退你進中走順步法，由上肢皮膚的接觸互聽對方的勁，練習聽勁和換勁，引活勁路，不丟不頂，不癟不抗，由著熟而漸悟懂勁階段。在推手中才能接住對方的勁，守住自己的疆土，不被人制。在練好聽勁的前提下，漸進懂勁階段。

所謂懂勁，也就是要懂得力學原理在推手中的實際運用，也包含著懂得勁在推手中的辯證關係。在武式太極拳推手中的接勁打勁，兩者相輔相成，黏即是走，走即是黏，陽不離陰，陰不離陽，方為懂勁。

當然推手中不僅僅是接勁打勁，只是側重這方面的問題。這樣運用哲學、力學來幫助掌握推手中勁的運動規律，才稱之為懂勁。

不光在理論上懂，必須理論聯繫實際，在實戰推手較技中做到。所以要想懂勁，老師的精心傳授是頭等重要的，加之身體力行刻苦研練，常常實踐，才能達到懂勁階段。實踐出真知，苦練獲深功。

由懂勁進一步得心應手隨感隨化，隨化隨發，運用自如不斷提升。功夫愈練愈精，任憑巨力來打我，牽動四兩撥千斤，隨心所欲，從而達到神化階段。

武式太極拳練習推手，要經常與生人推手。因為每一個人的勁路不同，要多接觸不同的勁路，對於實際應用才有更大的作用。根據對方勁的大、小、剛、柔、快、慢，採取相應的措施，順勢借力，恰到好處。

接手時務須反應敏捷，隨機應變，力求接手時便得機得勢。勁起於足根，運於腰間，發於脊背，形於手指。由足而

腿而腰須完整一氣，周身一家腳手相隨。手到腳不到等於瞎胡鬧，欲發人腳必到，發人在不知不覺之中。

武式太極拳先哲們與人一搭手，對方就跌出丈外，就是腳起到了一定的作用，全身形成了一個整勁。上身未動，勁已發出，體現出真正太極拳的高深功夫來。

我的師父喬松茂先生，在推手方面造詣頗深，他常對我們講：「與人推手，要注意接好對方的勁，不丟不頂要多做腰腿動作，在腰腿上下功夫，這是勁的本，力的源，運化的所在。」還說：「推手如果過於軟，就守不住自己的疆土，也就接不住對方的勁。該開的不開，該合的不合，那是雙重之病，患雙重之病定會受人所制。」

喬師又說：「武式太極拳在發勁上要先練擁、撞，然後練飄。所謂擁、撞就是對方力剛施於我皮裡膜外，我勁已匝彼全身，集中全身之整勁，並加上借到對方的勁，得機得勢，剎那之間，心神意氣同時發出，彼自騰空跌出。」打人在不知不覺，毫無反應之中。

武式太極拳歷代前輩的推手功夫如此高深，不光是他們刻苦練功的結果，也是他們結合太極拳理、拳法，加之正確的練功方法，才能有如此高深的功夫。

因此，太極拳不光是一種體育運動，而且是一種科學文化。它集哲學、武學、藝術、導引術為一體，是我們中華民族的寶貴文化遺產。作為炎黃子孫的一員，有責任和義務弘揚光大這一民族的瑰寶，讓武式太極拳這朵奇花，放射出更加燦爛奪目的光彩。

二、武式太極拳的醫療保健作用

中華武術是東方文化的一棵璀璨明珠。太極拳武術中的重要拳種，在我國民間廣泛流傳，並遍及海外。歷代武術家在不斷的總結實踐中，證明太極拳不但在擊技上、理論上有著重要的價值，而且是一種醫療保健與預防疾病的體育運動。它形神兼備，內外兼修，除增強體質外，對輔助治療高血壓、心臟病、潰瘍病、肺結核等慢性病都有一定的療效，成為我國一種重要的太極拳體育治療病的方法。

太極拳之所以能夠治療某些慢性病，是因為它和一般的體操不一樣。

練習太極拳除全身各個肌肉群，各個關節得到活動外，還要配合均勻的深呼吸與橫膈肌運動，同時還要求精神貫注，神氣鼓蕩，用意不用力，達到心靜、體鬆，這樣對中樞神經系統起到了良好的影響，從而給其它系統與器官機能的活動與改善打下良好的基礎，調解了陰陽平衡，疏通了氣血，充實了內氣，增強了體質，祛掉了疾病，從而收到了強身健體，有病治病，無病防身，修身養性的良好作用。許多太極拳家都是小時體弱多病，開始學習太極拳，經過多年的鍛鍊，不僅祛掉了疾病，而且成為一代太極拳名家。

現將太極拳對人體幾個主要系統的醫療保健作用，分別簡述如下。

㈠ 太極拳對神經系統的影響

神經系統是調解與支配所有系統與器官活動的樞紐。人

類依靠神經系統的活動，由條件反射或非條件反射，以適應於外界環境並改造外界環境。

人依靠神經系統的活動，使體內各個系統與器官的機能活動按照需要統一起來。因此，太極拳的練習，有增強中樞神經系統的機能，從而活躍了其它系統與器官，對全身來說，有一定的保健意義。

武式太極拳的走架要求排除雜念，靜下心來，精神貫注，神氣鼓蕩，用意不用力，這對大腦神經系統是個良好的訓練。從套路動作上講，武式太極拳走架如行雲流水，一動無有不動，一靜無有不靜。

周身一家腳手隨，總須完整一氣，由眼到上肢、軀幹、下肢，上上下下互相協調，前後連貫。同時，某些動作又比較複雜，又需有良好的平衡能力，均需要在大腦的支配下來完成，也間接的對中樞神經系統起著訓練的作用，從而提高中樞神經系統的緊張度，活躍了其它系統與器官的機能活動，加強了大腦方面的調節作用。所以說，練太極拳對中樞神經系統有著良好的醫療保健作用。

㈡ 有助於心臟、血管系統及呼吸系統的健康

太極拳對心臟血管系統的影響是在中樞神經活動支配下產生的。太極拳動作的組合，包括了各組肌肉群，關節的活動，也包括了有節律的自然呼吸運動，特別是橫膈運動。由於呼吸運動提高了心臟營養血管的功能，促進了血液循環，加強了心肌的營養，有助於心臟、血管的健康。

透過自然呼吸和橫膈運動，還能加強血液及淋巴的循環，減少體內的淤血，是消除體內淤血的良好方法。自然的

腹式呼吸，還可以增加肺活量，提升肺臟的通氣和換氣功能。武式太極拳走架很多動作與呼吸互相協調，這樣就可以呼吸自然。姿勢動作要求氣向下沉，即氣沉丹田。它在醫療健身上都有一定的好處。

膈肌和腹肌的收縮與舒張，使腹壓不斷改變，腹壓增高時，腹腔的靜脈受到壓力的作用，把血液輸入右心房，相反，當腹壓減低時血液則向腹腔輸入，對於促進血液循環，有積極的作用，此外，橫膈的運動又給肝臟以有規律的按摩作用。

所以，堅持長期習練太極拳，可以使心臟冠狀動脈供血充足，心臟收縮有力，對預防心臟各種疾病及動脈硬化有著良好的保健作用。

(三) 太極拳對肌肉、骨骼和關節活動的影響

太極拳的運動對肌肉、骨骼和關節影響很突出。腰脊為第一主宰。「立定腳跟豎起脊」，這豎起脊就是讓人們在練功過程中注意拔脊的重要性。身體豎直，尾閭正中，就不會出現彎腰駝背，脊柱畸形，行走不便的現象。

人到了老年，就會出現骨質疏鬆，力量減弱，練拳時使身體各個關節放鬆，能得到鬆筋活絡的作用，同時也增強了腿部骨骼和肌肉的力量。

老年性骨質疏鬆是一種衰老的退行性變化，其原因主要是由於骨組織中成骨細胞不活躍，不能產生骨的蛋白基質，致使骨生成少，吸收多，骨質變鬆。骨質鬆就容易產生畸形，關節活動也不靈活。

所以，經常習練太極拳，不僅有助於骨質堅硬，而且關

節的柔韌性也好，肌肉活動的協調性也強，很少發生關節脫位、發炎或扭傷事故。

特別對老年人的腿力衰退、足膝痿軟、屈伸僵硬、行走乏力等衰老現象，起到保健和防治作用。

㈣ 太極拳對消化系統和新陳代謝的影響

新陳代謝的好壞是檢驗人們健康的重要標誌。特別是老年人的新陳代謝更為重要。要經常吐故納新，收支平衡，才能使身體健康。

由於神經系統對內臟器官的調節和改善，太極拳運動使胃腸也能得到自我按摩的作用，使腸、胃、肝、腎隨之發生運動，促進肝內血液循環，提高胃腸的張力、消化和吸收能力，增強了腎上腺素的分泌功能，改善了體內物質代謝。所以，經常習練太極拳，可以預防治療某些因神經系統機能紊亂而產生的消化系統的疾病，對胃腸有著機械刺激的作用，促進了新陳代謝，增進食慾，減少便秘現象，使血液膽固醇含量下降，對老年人更為重要。

綜上所述，太極拳是合乎生理規律的健身運動，它對中樞神經系統有著良好的保健作用；加強了血液循環，減少疾病，改善消化系統與新陳代謝，適應各種慢性病的康復。它不但適宜於青壯年進行鍛鍊，還特別適宜於中老年人、婦女、腦力勞動者及體弱有病者的鍛鍊。對各種慢性病患者，更為適宜。

讓武式太極拳這一古老的拳種，不斷給您滋潤生命之花，為人類的健康，人民的幸福做出應有的貢獻。

第四章
太極拳拳論

一、王宗岳拳論

太極者，無極而生，陰陽之母也。動之則分，靜之則合。無過不及，隨曲就伸。人剛我柔，謂之走；我順人背，謂之黏。動急則急應，動緩則緩隨。雖變化萬端，而理唯一貫。由著熟而漸悟懂勁，由懂勁而階及神明。然非用力之久，不能豁然貫通焉。虛領頂勁，氣沉丹田；不偏不倚，忽隱忽現；左重則左虛，右重則右杳，仰之則彌高，俯之則彌深；進之則愈長，退之則愈促。一羽不能加，蠅蟲不能落；人不知我，我獨知人。英雄所向無敵，蓋皆由此而及也。斯技旁方甚多，雖勢有區別，概不外壯欺弱，慢讓快耳；有力打無力，手慢讓手快，是皆光天自然之能，非關學力而有也。察「四兩撥千斤」之句，顯非之勝；觀耄耋御眾之形，快向能為？立如秤準，活似車輪；偏沉則隨，雙重則滯。每見數年純功，不能運化者，率皆自為人制，雙重之病未悟耳。欲避此病，須知陰陽；黏即是走，走即是黏；陽不離陰，陰不離陽；陰陽相濟，方為懂勁。懂勁後，愈練愈精，默識揣摩，漸至從心所欲，本是捨己從人，多誤為捨近求遠。所謂「差之毫釐，謬以千里」，學者不可不詳辨焉。是

為論。

打手歌

撚挒擠按須認真，上下相隨人難進。
任他巨大來打手，牽動四兩撥千斤。
引進落空合即出，沾連黏隨不丟頂。

十三勢

十三勢：一名長拳，一名十三勢。

長拳者：如長江大海，滔滔不絕也。

十三勢者，撚挒擠按採挒肘靠進退顧盼定也。撚挒擠按，即坎離震兌四正方也；採挒肘靠，即乾坤艮巽四斜角也。此八卦也。進步、退步、左顧、右盼、中定，即金木水火土也。此五行也。合而言之，曰十三勢。

二、武禹襄拳論

打手要言

解曰：以心行氣，務沉著，乃能收斂入骨，所謂「命意源頭在腰隙」也。意氣須換得靈，乃有圓活之趣，所謂「變轉虛實須留意」也。立身中正安舒，支撐八面；行氣如九曲珠，無微不到，所謂「氣遍身軀不稍痴」也。

發勁須沉著鬆靜，專注一方，所謂「靜中觸動動猶靜」也。往復須有折迭，進退須有轉換，所謂「因敵變化是神奇」也。曲中求直，蓄而後發，所謂「勢勢存心揆用意，刻

刻留心在腰間」也。精神提得起，則無遲重之虞，所謂「腹內鬆靜氣騰然」也。虛領頂勁，氣沉丹田，不偏不倚，所謂「尾閭正中神貫頂，落身輕利頂頭懸」也。以氣運身，務順遂，乃能便利從心，所謂「屈伸開合聽自由」也。心為令，氣為旗，神為主帥，身為驅使，所謂「意氣君來骨肉臣」也。

解曰：身雖動，心貴靜，氣須斂，神宜舒。心為令，氣為旗，神為主帥，身為驅使，刻刻留意，方有所得。先在心，後在身。在身則不知手之舞之，足之蹈之。所謂一氣呵成，捨己從人，引進落空，四兩撥千斤也。須知一動無有不動，一靜無有不靜，視動猶靜，視靜猶動，內固精神，外示安逸。須要從人，不要由己；從人則活，由己則滯。尚氣者無力，養氣者純剛。彼不動，己不動；彼微動，己先動。以己依人，務要知己，乃能隨轉隨接；以己黏人，必須知人，乃能不後不先。精神提得起，則無雙重之虞；黏依能跟得靈，方見落空之妙。往復須分陰陽，進退須有轉合。機由己發，力從人借。發勁須上下相隨，乃一往無敵，立身須中正不偏，能八面支撐。靜如山岳，動若江河。邁步如臨淵，運勁如抽絲，蓄勁如張弓，發勁如放箭。放氣如九曲珠，無微不到；運勁如煉鋼，何堅不摧。形如搏兔之鵠，神如捕鼠之貓。曲中求直，蓄而後發。收即是放，連而不斷。極柔軟，然後能極堅剛；能黏依，然後能靈活。氣以直養而無害，勁以曲蓄而有餘。漸至物來順應，是亦知止能得矣。

又曰：

先在心，後在身，腹鬆，氣斂入骨，神舒體靜，刻刻存心。切記一動無有不動，一靜無有不靜。視靜猶動，視動猶

靜。動牽往來氣貼背，斂入脊骨，要靜。內固精神，外示安
逸。邁步如貓行，運勁如抽絲。全身意在蓄神，不在氣，在
氣則滯。有氣者無力，無氣者純剛。氣如車輪，腰如車軸。

又曰：

彼不動，己不動；彼微動，己先動。似鬆非鬆，將展未
展。勁斷意不斷。

又曰：

每一動，惟手先著力，隨即鬆開。猶須貫串，不外起承
轉合。始而意動，既而勁動，轉接要一線串成。氣宜鼓蕩，
神宜內斂。無使有缺陷處，無使有凹凸處，無使有斷續處。
其根在腳，發於腿，主宰於腰，形於手指。由腳而腿而腰，
總須完整一氣。向前退後，乃得機得勢，有不得機勢處，身
便散亂，必至偏倚，其病必於腰腿求之，上下前後左右皆
然。凡此皆是意，不是外面，有上即有下，有前即有後，有
左即有右，如意要向上，即寓下意，若物將掀起，而加以頓
挫之力，斯其根自斷，乃壞之速而無疑。虛實宜分清楚，一
處自有一處虛實，處處總此一虛實；周身節節貫串，勿令絲
毫間斷。

十三勢架

懶扎衣　單鞭　提手上勢　白鵝亮翅　摟膝拗步　手揮
琵琶勢　摟腰拗步　手揮琵琶勢　上步搬攬捶　如封似閉
抱虎推山　單鞭　肘底看捶　倒攆猴　白鵝亮翅　摟膝拗步
三甬背　單鞭　雲手　高探馬　左右起腳　轉身踢一腳　踐
步打捶　翻身二起　披身　踢一腳　蹬一腳　上步搬攬捶
如封似閉　抱虎推山　斜單鞭　野馬分鬃　單鞭　玉女穿梭

單鞭　雲手下勢　更雞獨立　倒攆猴　白鵝亮翅　摟膝拗步
三甬背　單鞭　雲手　高探馬　十字擺連　上步指襠捶　單
鞭　上步七星　下步跨虎　轉腳擺蓮　彎弓射虎　雙抱捶
手揮琵琶勢

身法十條

涵胸　拔背　裹襠　護臀　提頂　吊襠　鬆肩　沉肘
騰挪　閃戰

四字秘訣

敷：敷者，運氣於己身，敷布彼勁之上，使不得動也。

蓋：蓋者，以氣蓋彼來處也。

對：對者，以氣對彼來處，認定準頭而去也。

吞：吞者，以氣全吞而入於化也。

此四字無形無聲，非懂勁後，練到極精境地者，不能
知，全是以氣言。能直養其氣而無害，始能施於四體，四體
不言而喻矣。

打手撒放

掤上平，業入聲，噫上聲，咳入聲，呼上聲，吭、呵、
哈。

四刀法

裹剪腕　外剪腕　挫腕　撩腕

四槍法

平刺心窩　斜刺膀尖　下刺腳面　上刺鎖項

十三勢行工歌訣

十三總勢莫輕識，命意源頭在腰隙，
變轉虛實須留意，氣遍身軀不稍痴。
靜中觸動動猶靜，因敵變化是神奇，
勢勢存心揆用意，得來不覺費工夫。
刻刻留心在腰間，腹內鬆靜氣騰然。
尾閭正中神貫頂，滿身輕利頂頭懸。
仔細留心向誰求，屈伸開合聽自由，
入門引路須口授，工用無息法自休。
若言體用何為準，意氣君來骨肉臣。
詳推用意終何在？益壽延年不老春。
歌兮歌兮百四十，字字真切義無疑。
若不向此推求去，枉費工夫遺嘆惜！

三、李亦畬拳論

五字訣

一曰心靜
心不靜，則不專，一舉手，前後左右全無定向，故要心
靜。起初舉動未能由己，要息心體認。隨人所動，隨屈就
伸，不丟不頂，勿自伸縮。彼有力我亦有力，我力在先；彼

無力我亦無力，我意仍在先。要刻刻留心，挨何處，心要用在何處，須向不丟不頂中討消息。從此做去，一年半載便能施於身。此全是用意，不是用勁。久之，則人為我制，我不為人制矣。

二曰身靈

身滯，則進退不能自如，故要身靈。舉手不可有呆像，彼之力方礙我皮毛，我之意已入彼骨裡，兩手支撐，一氣貫穿。左重則左虛，而右已去；右重則右虛，而左已去。氣如車輪，周身俱要相隨，有不相隨處，身便散亂，便不得力，其病於腰腿求之。先以心使身，從人不從己。後身能從心，由己仍是從人。由己則滯，從人則活。能從人，手上便有分寸：秤彼勁之大小，分厘不錯，權彼來之長短，毫髮無差。前進後退，處處恰合，工彌久，而技彌精矣。

三曰氣斂

氣勢散漫，便無含蓄，身易散亂，務使氣斂入脊骨。呼吸通靈，周身罔間。吸，為合為蓄；呼，為開為發。蓋吸則自然提得起，亦擎得人起；呼則自然沉得下，亦放得人出。此是以意運氣，非以力使氣也。

四曰勁整

一身之勁，練成一家，分清虛實。發勁要有根源。勁起手腳根，主於腰間，形於手指，發於脊背；又要提起全副精神。於彼勁將出未發之際，我勁已接入彼勁，恰好不後不先；如皮燃火，如泉湧出。前進後退，無絲毫散亂，曲中求直，蓄而後發，方能隨手奏效。此謂「借力打人，四兩撥千斤」也。

五曰神聚

上四者俱備，總歸神聚。神聚，則一氣鼓鑄；煉氣歸神。氣勢騰挪，精神貫注；開合有致，虛實清楚：左虛，則右實；右虛，則左實。虛非全然無力，氣勢要有騰挪；實非全然占煞，精神要貴貫注。緊要全在胸中腰間運化，不在外面。力從人借，氣由脊發。故能氣由脊發，氣向下沉，由兩肩收於脊骨，注於腰間，此氣之由上而下也，謂之合；由腰形於脊骨，布於兩膊，施於手指，此氣之由下而上也，謂之開。合便是收，開即是放。能懂得開合，便知陰陽。到此地位，工用一日，技精一日，漸至從心所欲，罔不如意矣。

撒放秘訣

擎、引、鬆、放

擎起彼身借彼力。（中有靈字）

引到身前勁始蓄。（中有斂字）

鬆開我勁勿使屈。（中有靜字）

放時腰腳認端的。（中有整字）

走架打手行工要言

昔人云：「能引進落空，能四兩撥千斤；不能引進落空，不能四兩撥千斤」。語甚概括，初學未由領悟，余加數語以解之，俾有志斯技者，得所從入，庶日進有功矣。欲要引進落空，四兩撥千斤，先要知己知彼。欲要知己知彼，先要捨己從人。欲要捨己從人，先要得機得勢。欲要得機得勢，先要周身一家。欲要周身一家，先要周身無有缺陷。欲要周身無有缺陷，先要神氣鼓蕩。欲要神氣鼓蕩，先要提起精神，神不外散。欲要神不外散，先要神氣收斂入骨。欲要

神氣收斂入骨，先要兩股前節有力。兩肩鬆開，氣向下沉，勁起於腳根，變換在腿，含蓄在胸，運動在兩肩，主宰在腰。上於兩膊相繫，下於兩腿相隨。勁由內換，收便是合，放即是開，靜則俱靜，靜是合，合中寓開；動則俱動，動是開，開中寓合。觸之則旋轉自如，無不得力。才能引進落空，四兩撥千斤。平日走架，是知己功夫，一動勢先問自己周身合上數項不合，少有不合，即速改換，走架以要慢不要快。打手是知人工夫，動靜固是知人，仍是問己，自己安排得好，人一挨我，我不動彼絲毫，趁勢而入，按定彼勁，彼自跌出。如自己有不得力處，便是雙重未化，要於陰陽開合中求之。所謂「知己知彼，百戰百勝」也。

太極拳小序

　　太極拳不知始自何人，其精微巧妙，王宗岳論詳且盡矣。後傳至河南陳家溝陳姓，神而明者，代不乏人。我郡南關楊某，愛而往學焉。專心致志，十有餘年，備極精巧。旋里後，市諸同好。母舅武禹襄見而好之，常與比較，不肯輕以授人，僅能得其大概。素聞豫省懷慶府赴堡鎮，有陳姓名清平者，精於是技，逾年，母舅因公赴豫省，過而訪焉。研究月餘，而精妙始得，神乎技矣。予自咸豐癸丑（1853），時年二十餘，始從母舅學習此技，口授指示，不遺餘力，奈余質最魯，廿餘年來，僅得皮毛，竊意其中更有精巧。茲僅以所得筆之於後，名曰五字訣，以識不忘所學云。

光緒辛巳（光緒七年公元 1881 年）

　　　　　　　　　　中秋念六日亦畬氏謹識

四、武式太極拳各式白話歌

各勢白話歌

提頂吊襠心中懸，鬆肩沉肘氣丹田；
裹襠護臀須下勢，涵胸拔背落自然；
初勢左右懶扎衣，雙手推出拉單鞭；
提手上勢望空看，白鵝亮翅飛上天；
摟膝拗步往前打，手揮琵琶躲旁邊；
摟膝拗步重下勢，手揮琵琶又一番；
上步先打迎面拳，搬攬捶兒打胸前；
如封四閉往前按，抽身抱虎去推山；
回身拉成單鞭勢，肘底看捶打腰間；
倒攆猴兒重回勢，白鵝亮翅到雲端；
摟膝拗步須下勢，收身琵琶在胸前；
按勢翻身三甬背，扭頸回頭拉單鞭；
雲手三下高探馬，左右起腳誰敢攔；
轉身一腳栽捶打，翻身二起踢破天；
披身退步伏虎勢，踢腳轉身緊相連；
蹬腳上步搬攬打，如封似閉手向前；
抱虎推山重下勢，回頭再拉斜單鞭；
野馬分鬃往前進，懶扎衣服果然鮮；
回身又把單鞭拉，玉女穿梭四角全；
更拉單鞭真巧妙，雲手下勢探清泉；
更雞獨立分左右，倒捧猴兒又一番；

白鵝亮翅把身長，摟膝前手在下邊；
按勢清龍重出水，轉身復又拉單鞭；
雲手高探對心拳，十字擺蓮往後翻；
指襠捶兒向下打，懶扎衣服緊相連；
再拉單鞭重下勢，上步就挑七星拳；
收身退步拉跨虎，轉腳去打雙擺連；
海底撈月須下勢，彎弓射虎項朝前；
懷抱雙捶誰敢講，走遍天下無人攔；
歌兮歌兮六十句，不遇知己莫輕傳。

五、武式太極拳歷代主要傳人表

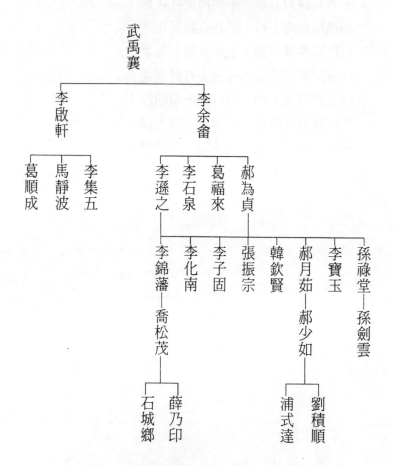

註：一、本表只記錄各代的主要人物。

二、由於武式歷代門人，弟子眾多，不在此一一記錄，
望武式同門多多諒解。

後　記

太極拳是中華民族的寶貴文化遺產，當今已風靡全世界，流行於海內外。武式太極拳是太極拳六大流派之一，它體用兼備，內外兼修，形、式、招與精、氣、神共存，融防身、健身、修身於一體，是武林中一顆璀璨的明珠。繼承和弘揚這一文化瑰寶，是我們炎黃子孫引以自毫和義不容辭的責任。

《正宗武式太極拳》一書中的架子是清代秀才武禹襄所創，由其外甥李亦畬進一步完善的。經李氏歷代家傳，至今不失其本來面目，是一種練功的實用架子。它樸實無華似幹枝老梅，緊嚴縝密如天衣無縫。學者易獲強身健體、延年益壽之效，不經明師口授心傳竅要難知。

本書的套路是由全國著名太極拳家，武式太極拳第五代直系傳人喬松茂師父傳授。喬師全面繼承了武式太極拳的衣缽，技藝高深，已達到爐火純青的境界，是當今武式太極拳的傑出代表。

本人業餘習武三十餘年，為追求太極拳的真諦，辭去了工作，專門進行太極拳的探討和研究，習練武式太極拳，把全身心投入到這一事業上。由於在傳播、普及武式太極拳教學過程中，發現不少習練太極拳者，對太極拳的拳理、拳法的理解有偏差，以致出現很多問題，故把此套路撰寫成書，讓更多的人能按照正確的練功方法，由習練武式太極拳，不

同程度地達到預想的效果，造福於人類。

　　《正宗武式太極拳》一書在恩師的大力支持下，國家武術協會領導的關心和各界朋友的幫助下，經過半年的時間，搜集資料，徵求有關方面人士的意見，遂把師父所傳授的武式太極拳套路及平日練功的心得體會，加之武式太極拳歷代先賢的武技軼事撰寫成書，奉獻給廣大武林同道及太極拳愛好者。由於水平有限，不妥之處，在所難免，懇切武林前輩給予斧正。

　　《正宗武式太極拳》一書承國家武協副主席劉哲先生作序，中國武術協會顧問張文廣教授，北京武術協會副主席、著名太極拳家孫劍雲女士題詞。在繪圖和整理過程中得到薛景貴、石城鄉、鄭偉、王德印、薛慧丹、劉康毅、黃同親等人的幫助，在此一併表示感謝。

　　　　　　　　　　　　　　　薛乃印　於紐西蘭

薛乃印宗師簡介

　　薛乃印，1954 年出生在中國遼寧省撫順市。1962 年開始習武，先後拜揭子株、段得貴、喬松茂三位師父，學習形意拳、八卦掌、武式太極拳、太極混元功。深得内家拳功之精髓。現任武式太極拳世界聯盟盟主。

　　薛乃印於 1992 年接任武式太極拳第六代掌門傳人，1993 年名列中國十大太極拳名家。次年評定爲國際太極拳名師。先後擔任撫順武式太極拳研究會會長，遼寧省太極拳協會主席，武式太極拳競賽套路副主編。紐西蘭武術太極拳聯盟主席。

　　薛乃印 1975 年起開始任教練，傳授武術。先後擔任撫順市第十三中學，石油二廠中學武術教練。遼寧省太極拳培訓中心總教練，中國武術培訓中心高級教練。培養出市級、省級、國家級冠軍二十七名，亞軍一百一十一人，季軍無數。並培養出國際太極拳及太極推手冠軍兩名，亞軍三名。學生播及中國大陸、香港、台灣、紐西蘭、奧大利亞、日本、美國、加拿大、英國、奧地利、德國、西班牙、馬來西亞、新加坡、韓國達兩萬餘人。

　　薛乃印 1996 年元月移居紐西蘭，現爲紐西蘭公民。1997 年應日本七段空手道高手挑戰獲勝，1999 年的演講會上設擂台連戰五人。同年九月從紐西蘭出發經由奧大利亞、台灣、日本、英國、意大利、奧地利、波蘭、德國、荷蘭、

比利時，最後到達美國洛杉磯進行環球世界的表演講座，傳播武式太極拳。

　　著作有：武式太極拳正宗、武式太極拳‧劍、武式太極拳學、太極拳理論文集、武式太極拳精華、孤身走我路、佩劍走天涯、遨遊十國歷險行、正宗武式太極拳。

　　錄影帶有：武式太極拳初級套路、中級套路、高級套路
　　　VCD　　（上、下集）、武式太極劍、武式太極大杆子、太極拳推手、八卦掌、八卦七星竿。

　　另有：武式太極明珠……薛乃印的故事

　　　　　　　　　　　　　　　　叢人　聞洛編著

姓名：薛乃印
星座：金牛座
職業：教練
業餘愛好：寫作
國籍：紐西蘭
出生地：中國遼寧省
最喜歡的顏色：藍色
最喜歡的運動：武術
最喜歡的城市：奧克蘭
最喜歡的食品：海味
最大的缺點：馬虎
最大的優點：重義氣
最大的愛好：周遊世界
最大的願望：出版百部著作
最遠的目標：遨遊 100 個國家

大展出版社有限公司
品冠文化出版社

圖書目錄

地址：台北市北投區(石牌)　　電話：(02)28236031
　　　致遠一路二段 12 巷 1 號　　　　28236033
郵撥：0166955～1　　　　　　傳真：(02)28272069

法律專欄連載 · 大展編號 58

台大法學院　　法律學系／策劃
　　　　　　　法律服務社／編著

1. 別讓您的權利睡著了(1)　　　　　　　　　　200 元
2. 別讓您的權利睡著了(2)　　　　　　　　　　200 元

· 生 活 廣 場 · 品冠編號 61 ·

1. 366 天誕生星　　　　　　　　李芳黛譯　280 元
2. 366 天誕生花與誕生石　　　　李芳黛譯　280 元
3. 科學命相　　　　　　　　　　淺野八郎著　220 元
4. 已知的他界科學　　　　　　　陳蒼杰譯　220 元
5. 開拓未來的他界科學　　　　　陳蒼杰譯　220 元
6. 世紀末變態心理犯罪檔案　　　沈永嘉譯　240 元
7. 366 天開運年鑑　　　　　　　林廷宇編著　230 元
8. 色彩學與你　　　　　　　　　野村順一著　230 元
9. 科學手相　　　　　　　　　　淺野八郎著　230 元
10. 你也能成為戀愛高手　　　　　柯富陽編著　220 元
11. 血型與十二星座　　　　　　　許淑瑛編著　230 元
12. 動物測驗—人性現形　　　　　淺野八郎著　200 元
13. 愛情、幸福完全自測　　　　　淺野八郎著　200 元
14. 輕鬆攻佔女性　　　　　　　　趙奕世編著　230 元
15. 解讀命運密碼　　　　　　　　郭宗德著　200 元
16. 由客家了解亞洲　　　　　　　高木桂藏著　220 元

· 女醫師系列 · 品冠編號 62

1. 子宮內膜症　　　　　　　　　國府田清子著　200 元
2. 子宮肌瘤　　　　　　　　　　黑島淳子著　200 元
3. 上班女性的壓力症候群　　　　池下育子著　200 元
4. 漏尿、尿失禁　　　　　　　　中田真木著　200 元
5. 高齡生產　　　　　　　　　　大鷹美子著　200 元
6. 子宮癌　　　　　　　　　　　上坊敏子著　200 元

・原地太極拳系列・大展編號 11

·秘傳占卜系列· 大展編號 14

1. 手相術	淺野八郎著	180 元
2. 人相術	淺野八郎著	180 元
3. 西洋占星術	淺野八郎著	180 元
4. 中國神奇占卜	淺野八郎著	150 元
5. 夢判斷	淺野八郎著	150 元
6. 前世、來世占卜	淺野八郎著	150 元
7. 法國式血型學	淺野八郎著	150 元
8. 靈感、符咒學	淺野八郎著	150 元
9. 紙牌占卜術	淺野八郎著	150 元
10. ESP 超能力占卜	淺野八郎著	150 元
11. 猶太數的秘術	淺野八郎著	150 元
12. 新心理測驗	淺野八郎著	160 元
13. 塔羅牌預言秘法	淺野八郎著	200 元

·趣味心理講座· 大展編號 15

1. 性格測驗① 探索男與女	淺野八郎著	140 元
2. 性格測驗② 透視人心奧秘	淺野八郎著	140 元
3. 性格測驗③ 發現陌生的自己	淺野八郎著	140 元
4. 性格測驗④ 發現你的真面目	淺野八郎著	140 元
5. 性格測驗⑤ 讓你們吃驚	淺野八郎著	140 元
6. 性格測驗⑥ 洞穿心理盲點	淺野八郎著	140 元
7. 性格測驗⑦ 探索對方心理	淺野八郎著	140 元
8. 性格測驗⑧ 由吃認識自己	淺野八郎著	160 元
9. 性格測驗⑨ 戀愛知多少	淺野八郎著	160 元
10. 性格測驗⑩ 由裝扮瞭解人心	淺野八郎著	160 元
11. 性格測驗⑪ 敲開內心玄機	淺野八郎著	140 元
12. 性格測驗⑫ 透視你的未來	淺野八郎著	160 元
13. 血型與你的一生	淺野八郎著	160 元
14. 趣味推理遊戲	淺野八郎著	160 元
15. 行為語言解析	淺野八郎著	160 元

·婦幼天地· 大展編號 16

1. 八萬人減肥成果	黃靜香譯	180 元
2. 三分鐘減肥體操	楊鴻儒譯	150 元
3. 窈窕淑女美髮秘訣	柯素娥譯	130 元
4. 使妳更迷人	成 玉譯	130 元
5. 女性的更年期	官舒妍編譯	160 元
6. 胎內育兒法	李玉瓊編譯	150 元
7. 早產兒袋鼠式護理	唐岱蘭譯	200 元

國家圖書館出版品預行編目資料

正宗武式太極拳／薛乃印著
——初版，——臺北市，大展，2001〔民90〕
面；21公分，——（武術特輯；40）
ISBN 957-468-108-4（平裝）
1.太極拳

528.972　　　　　　　　　　90017975

正宗武式太極拳　　　ISBN 957-468-108-4

編 著 者／薛 乃 印
發 行 人／蔡 森 明
出 版 者／大展出版社有限公司
社　　　址／台北市北投區（石牌）致遠一路2段12巷1號
電　　　話／（02）28236031・28236033・28233123
傳　　　眞／（02）28272069
郵政劃撥／01669551
E-mail ／ dah-jaan＠ms9.tisnet.net.tw
登 記 證／局版臺業字第2171號
承 印 者／國順文具印刷行
裝　　　訂／嶸興裝訂有限公司
排 版 者／弘益電腦排版有限公司
初版1刷／2001年（民90年）12月
初版發行／2002年（民91年）2月

定 價／220元